性命雙修로 밝히는

般若心經 眞解

觀自在菩薩 저

柳正植 역

명지사

<일러두기>

原文解釋 반야심경 원문에 대한 해석을 소개한 부분이다.

觀自在菩薩眞解 관자재보살이 쓰신 반야심경 진해(眞解)를 소개한 부분이다.

성명쌍수에 바탕을 두고 반야심경을 풀이하고 있다. 이 같은 관점에서 풀이하는 반야심경은 전혀 새로운 내용으로 우리에게 다가 온다.

성명쌍수는 진정한 사람[眞人]이 되기 위해 "마음[性]" 공부와 더불어 "몸[命]" 공부를 중요시 한다. 마음공부에서는 좋은 책을 읽고, 좋은 스승을 만나고 하는 것도 중요하지만, 더욱 중요한 것은 진성(眞性)이 머무는 여시처(如是處)를 알아 마음을 닦는 것이고 그리고 몸 공부는 명(命)의 중심인 현관규(玄關竅)를 여는데 기초를 두고 있다고 하겠다.

자고로 불(佛)께서 성(性)을 말씀하시면 아울러 명(命)을 겸하여 말씀하셨고, 명(命)을 말씀하시면 겸하여 성(性)을 말씀하신 것으로, 성명(性命)의 실체가 밝게 드러내고 있다.

頂批 관자재보살의 반야심경에 대한 특별한 견해 및 비평이다.

用語註釋 반야심경의 깊은 뜻을 좀 더 명확하게 이해할 수 있도록 힘을 기울인 역자의 주석 부분이다.

性命雙修로 밝히는 般若心經 眞解

般若心經 眞解 序文

이 글은 하늘과 땅을 두루 한 글이며[蟠天際地], 이전에도 없었고 이 후에도 없는[空前絶後] 글이다.

【蟠天際地의 文이요, 空前絶後한 글[筆]이라】

기신(機神)은 광명세계(光明世界) 가운데 길을 따라 오고, 한호(韓湖)나 소해(蘇海)를 보니, 곧게 선 것은 태산(泰山)과 배루(培樓)일 뿐이라.

【機神은 從光明世界中하여 隨來이라. 視韓潮와 蘇海하니 直泰山與培樓耳라】

경(經)의 이름은 반야심경 전등진해(傳燈眞解)인데, 등(燈)이란 글자에서 이 한편의 안자(眼字 : 핵심)를 볼 수 있다. 그러므로 첫머리에 먼저 등(燈)이라는 글자가 나왔다.

【經名은 般若心經 傳燈眞解인데 燈字는 自是一遍의 着眼字이다. 故首段에 先出燈字라】

여기서 말하는 심등(心燈)은 사람마다 스스로에게 있고, 저마다 완성(完成)된 것인데, 어찌하여 세상 사람들은 매일 움직이는 가운데 있는 것을 스스로 깨닫지 못하는가?

【此言心燈은 人人이 自有하고, 個個가 完成인데 奈世人은 日在動中에 不能自悟耳인가?】

이 단락은 계속해서 성현(聖賢)과 선불(仙佛)의 증과(證果)한 실제의 경지를 들어서, 장차 동천(洞天)과 불지(佛地)를 권속(眷屬)이 누려서 쓰는 것을 역력히 비진(備陳)함 즉 갖추어 진열하였다.

이 심등(心燈)의 밝게 비춤이 무궁하니, 삼교(三敎)를 배우는 사람이 힘쓰지 않아서 되겠는가?

【此段은 歷擧聖賢과 仙佛의 證果之實地라. 將洞天과 佛地及眷屬이 享用으로 歷歷備陳이라. 此心燈之朗照無窮也니 三敎의 學人이 可不勉哉인가?】

이른바 “한 자식이 도(道)를 이루면 구조(九祖)가 승천(昇天)하게 된다.”는 것이다.

【所謂一子가 成大道하면 九祖가 昇天이라】

상단(上段)에는, 삼교(三敎)에서 가르침을 베푼 것은, 이 등(燈)을 전하는 것으로 가르침을 삼은 것이고, 삼교(三敎)의 공부는 이 등(燈)을 전하는데 일삼은 것이고, 삼교(三敎)의 서적은 이 등(燈)을 전하는 것으로 책을 지은 것이다.

삼교(三敎)에서 도(道)를 얻은 사람은 이 등(燈)을 전하는 것으로 도를 삼았고, 삼교(三敎)의 공명(功名)은 이 등(燈)을 전하는 것으로 극치(極致)를 삼았는데,

이 등(燈)을 전하는 데는 반드시 착락(着落)이라고 하여 떨어진 곳이 있는데, 그 착락(着落)을 찾으려면, 윤상(倫常) 즉 사람이 지켜야 할 도리를 따라 항상 지어가야 하며 천지와 자리를 함께 하여, 만물을 기르며 함께 천지와 동참하는데 이르러야 한다.

【上段에는 言三敎之說敎는 以傳此燈爲敎이고 三敎之工夫는 以傳此燈爲事이고 三敎之書는 以傳此爲書이고 三敎之得道는 以傳此燈爲道이고 三敎之功名은 以傳此燈極致而인데 此燈之傳에는 必有着落인데 尋其着落하려면 則從倫常하여 做起하며 以至於天地位하여 萬物育하며 與天地參이라】

이 단락[段]은 즉 이 등(燈)은 윤상(倫常)을 통하여 증명(證明)해야 함을 말한 것으로, 태상(太上)과 불조(佛祖)께서 심등(心燈)을 밝힌 것은, 다 이 윤상을 통하여 심성(心性)을 깨닫고 법신(法身)을 이루었음을 말한 것이다.

【此段은 卽是燈之由倫常者證之로 言太上佛祖之明

心燈은 俱是由倫常하여 以了心性하고 以成法身이라】

배우려는 사람은 반드시 대학, 중용, 주역 및 황정, 도덕 및 모든 경(經)을 배우고 연구해야 하는데, 반야경과 금강경(金剛經)은 더욱 전등(傳燈)의 골수(骨髓)가 됨을 보이셨다.

【示學者는 必由學庸, 周易及黃庭, 道德과 諸經을 研究하고 而般若經, 金剛經이 尤爲傳燈之髓라】

이 부분(段)은 심등(心燈)을 전하는 것이, 또한 어려운 것이 아님을 말했는데, 저 삼교(三敎)의 천언만어(千言萬語)가 불과 이 심등을 전한 것일 뿐이다.

불조(佛祖)께서도 이 진해(眞解)를 주해[註]한 까닭은, 심등을 항상 잇고 늘 밝혀서 오래 이어가고자 함이었다.

【此段은 言心燈之傳亦非難事인데 彼三敎之千言萬語가 不過此心燈之傳而已이라. 此佛祖之所以必註此

眞解는 而使心燈長續長明也라】

이 부분은 이 전등진해(傳燈眞解)의 공덕(功德)을 말한 것으로, 유명(幽冥) 즉 그윽하고 어두움을 비추어 꿰뚫고, 신귀(神鬼)와 요마(妖魔)를 감화(感化)시키고, 아울러 효도를 다하여 하늘을 감격케 하는 것이 바로 이 경(經)을 읽는 공덕(功德)이니, 즉 이 경(經)을 행지(行持)함으로써 대도(大道)의 경지(境地)를 깨닫게 된다.

오히려 이것은 유가(儒家)의 그 성(性)을 다하고, 인물(人物)의 성(性)에 까지 미치는 것과 같다.

【此段은 言此傳燈眞解之功德으로 可以照徹幽冥하고 感化神鬼와 妖魔하고 並可以盡孝格天이 是誦此經之功德이니 卽爲行持此經하여 以了大道之地步也이라. 猶佛家盡其性하고 以及人物之性之意라】

이 부분은 공덕이 하늘을 감격(感格)하면, 자연히 선불(仙佛)을 만나게 되어 전등(傳燈)을 전해 받는데,

전해 받게 되면 그 효과가 천하와 국가에 나타나는 것이 이와 같으니 이것은 바로 불조(佛祖)께서 중생(衆生)을 다 제도하는 홍원(洪願 : 큰 바람)과 같음이다.

【此段은 言功德格天하면 自遇佛仙하여 而傳可傳燈인데 旣傳이면 而其效가 見於天下國家如此이니 此正佛祖께서 度盡衆生之洪願也라】

만고(萬古)의 인심(人心)을 되찾고 겁운(劫運)을 소멸하니, 이 등(燈)의 공덕(功德)을 어찌 생각(思議)할 수 있겠는가?

【挽回萬古人心하고 以消劫運하니 此燈之功德을 豈可思議乎요?】

이 부분을, 원래 속유(俗儒)들은 전등(傳燈)의 진리(眞理)를 이해하지 못하고, 불법(佛法)을 이단(異端)이라 하는데, 다만 선유(先儒)로 원류(源流)를 꿰뚫은 이의 증언을 살펴보면,

"이 전등(傳燈)의 심법(心法)과 성학(聖學)과는 다

름이 없다."고 하였으니,

저 속유(俗儒)의 말 많고 견해가 잘못된 이는 특히 관통(貫通)하여 하나로 돌아감을 알지 못한다.

【此段은 就俗儒들은 不解傳燈之眞하고 而以佛法爲異端하는데 就先儒之洞見源流者一證之見하면 此傳燈心法과 與聖學은 無異이니 彼俗儒饒舌而視爲岐途者는 特未能貫通而會其歸一耳이라】

지금에 불조(佛祖)께서 분명하게 윤상(倫常)의 일과 심성(心性)의 공(功)을 가리키셨으니, 배우는 사람은 이 심등(心燈)을 깨달아야 한다.

【今佛祖께서 明明指出倫常之事와 心性之功하니 學者는 可以悟此心燈矣라】

뒷부분은 오히려 심등(心燈)을 밝히지 못한 사람이, 어떻게 성학(聖學)을 전하여 계승할 수가 있겠는가? 하고 주의를 준 것이다.

【後段은 反接以惕人之不明心燈者가 何以繼聖學之

傳乎인가?】

엮어서 낸 등(燈)이란 글자의 밝기가 일월(日月)과 같으나, 공용(功用)은 일월(日月)보다 뛰어나다.

【結出燈字의 明이 同日月이나 而功用은 超於日月이라】

이 글은 불조(佛祖)의 영기(靈氣)로 어둡지 않은 하늘을 결성(結成)한 것이니, 자연히 이 세계는 모두 불조(佛祖)의 광명세계(光明世界)인 것이다.

【此文은 卽佛祖之靈氣로 結成不夜天也니 自此世界는 皆佛祖之光明世界矣라】

般若心經眞解譯者序文

이 "반야심경 진해"는 간단하지만 말씀하신 가르침의 구결(口訣)이 자자(字字)마다 진전(眞傳)이니 진실로 불조(佛祖)의 의발이며 감로법문이라고 하겠다.

금강경 진해와는 서로 겉과 속이 된다. 금강경의 요체는 사상(四相)을 공(空)하게 하고 육근(六根)을 지키고 육진(六塵)을 맑게 하는데 있다.

육진이 맑지 않으면 육근을 지키기가 어렵고 사상(四相)을 비우기가 어려우므로 오온(五蘊)이 공(空)하지 못하게 된다.

그런 까닭에 고액(苦厄)을 구제하는 반야심경은 먼저 사람들에게 오온을 공하게 하라고 가르치신 것이다.

이 반야심경은 기존의 반야심경 해석과는 전혀 다르니 성(性)과 명(命)을 함께 닦는 선도(仙道)의 쌍수파의 주석과 흡사하며 아울러 티벳의 서장밀교와도 일맥상통한다고 하겠다.

특히 색즉시공(色卽是空)에서 공과 색에 대한 풀이는 아주 분명한데 이것은 태전스님과 홍련의 일화에서 제시된 시(詩)인

십년을 축융봉에 단정히 앉아서
색을 관하고 공을 관하니 색이 즉 공이라
어떠한 한 방울의 조계수인데
홍련의 반 잎 새 속에 떨어뜨리겠는가

를 이해할 수 있는 동시에 또한 수행법도 제시한 것으로,

즉 이 색신(色身)가운데는 원래 덕(德)이 있는데, 덕(德)과 색(色)의 갈림은, 오직 이 색(色)을 공(空)하

게 하느냐, 불공(不空)하느냐에 달려있다.

능히 공(空)하게 할 수 있다면, 즉 호색(好色)이 호덕(好德)이 되고, 불공(不空)한다면, 다만 호음(好淫)이라고 할 뿐, 호색(好色)이라고 할 수 없다고 하였다.

아울러 수상행식(受想行識)에 대해 어느 누가 이 같은 해석을 한 사람이 있었는가?

학자가 이 반야심경을 세심하게 연구하여 영오(領悟)한다면 가히 초범입성(超凡入聖)할 수 있을 것이다.

끝으로, 늘 느끼는 것이지만 번역의 문제점이다. 그러므로 자세히 연구하려는 사람은 원문을 참고하기를 바라는 바이다.

삼선동 낙산 자락에서

법공 합장

性命雙修로 밝히는 般若心經 眞解 목차 [I]

性命雙修로 밝히는 般若心經 眞解 목차 [Ⅱ]

性命雙修로 밝히는 般若心經 眞解 목차 [III]

性命雙修로 밝히는 般若心經 眞解 목차 [Ⅳ]

般若波羅密多心經

觀自在普薩[1)]

관자재보살

行深般若波羅密多時

행심반야바라밀다시

照見五蘊皆空 度一切苦厄

조견오온개공 도일체고액

舍利子

사리자

色不異空 空不異色 色卽是空 空卽是色

색불이공 공불이색 색즉시공 공즉시색

受想行識 亦復如是

수상행식 역부여시

舍利子 是諸法空想

사리자 시제법공상

不生不滅 不垢不淨 不增不感

불생불멸 불구부정 부증불감

是故 空中無色 無受想行識

시고 공중무색 무수상행식

無眼耳鼻舌身意 無色聲香味觸法

무안이비설신의 무색성향미촉법

無眼界 乃至 無意識界 無無明

무안계 내지 무의식계 무무명

亦無無明盡 乃至 無老死 亦無老死盡

역무무명진 내지 무노사 역무노사진

無苦集滅道 無智亦無得 以無所得故 菩提薩陀

무고집멸도 무지역무득 이무소득고 보리살타

依般若波羅密多故 心無佳碍

의반야바라밀다고 심무가애

無佳碍故 無有恐怖 遠離顚倒夢想 究竟涅槃

무가애고 무유공포 원리전도몽상 구경열반

三世諸佛 依般若波羅密多故

삼세제불 의반야바라밀다고

得阿耨多羅三藐三菩提

득아뇩다라삼먁삼보리

故知般若波羅密多 是大神呪 是大明呪

고지반야바라밀다 시대신주 시대명주

是無上呪 是無等等呪 能除一切苦 眞實不虛

시무상주 시무등등주 능제일체고 진실불허

故說般若波羅密多呪 卽說呪曰

고설반야바라밀다주 즉설주왈

揭諦揭諦 波羅揭諦 波羅僧揭諦 菩提娑婆訶 (3번)

아제아제 바라아제 바라승아제 모지사바하

用語註釋

1) 관자재보살(觀自在菩薩) : 여기에 대해 많은 주석이 많지만, 그 중에서 수련과 직접적인 관계가 있는 주석은 유화양선사의 혜명경이 가장 자세하게 설명하고 있어 인용하려고 한다.

華陽께서 말하기를 "이것은 여래께서 사람들에게 性命을 雙修하는 正法의 경지를 보여주신 天恩의 말씀이다. 그러나 범부들은 眞傳을 얻지 못하고는 곧 말하기를 念으로 念을 觀하는 것을 관자재보살이라고 하니 이는 잘못된 것이다. 이 생각[念]란 緣習(연습)으로 識種(직종)이 맺어진 것으로 大道의 본원이 아니다.

觀과 菩薩은 여래께서 二物로 雙修(쌍수)의 가르침을 묘하게 비유하신 것이다. 만약 念을 道라고 한다면 道와는 멀어질 것이다.

이 念이라는 것은 心中의 陰氣로 識神이 변화한 것이니 천만 겁을 윤회하는 것도 識神으로 인한 것이니 해탈을 할 수 없게 한다. 그래서 證果(증과)하지 못하고 윤회하는 것이 모두 菩薩(보살)이 생겨나오는 곳을 알지 못하고 이 識을 자기라고 인정하기 때문이다."

고로 景禪師는 "진리를 배우는 사람이 眞을 알지 못하고 단지 무시겁래로 生死의 근본인 識神을 자기라고 알기 때문이다."고 하였다.

또 南泉禪師는 "心은 佛이 아니고 智는 道가 아니다."고 하였고 馬祖조 "卽心是佛은 아이의 울음을 그치게 하는 방편일 뿐이다."고 하였다.

지금에 學佛하는 사람도 心이 佛이 아니고 智는 道가 아니라는 말은 들으면 어찌 空亡에 떨어지지 않겠는가?

그렇다면 어떻게 수련하는 것인가? 라고 묻는다면 그 답은 바로 觀이란 바로 나의 正念中의 靈光일 뿐이다.

眞傳을 얻지 못한 사람은 그것을 本性이라고 한다. 또 菩薩은 淨土에 살고 있다. 이 觀과 보살은 거리가 八寸四分이나 떨어져 있어 觀이 아니고는 서로 만날 수 없다. 즉 아래의 문장에서 말하는 寶積經의 "和合凝集(화합응집)으로 결정코 성취한다."는 공부가 그것이다.

菩薩이란 바로 慧命(혜명)이며 佛性이다. 어머니 뱃속에서 "으앙"하고 울면서 떨어질 때에 觀과 菩薩이 서로 떨어지는데, 이 때 보살은 깊고 은밀한 데로 숨어버린다.

만약 스승을 찾아 친히 가르침을 받지 않는다면 설령 총명한 지혜와 영특한 悟性을 있다 해도 그것을 능히 볼 수 없을 것이다. 이른바 道心은 惟微하다는 것이다. 태어난 이후로 부터는 晝夜로 총명과 지혜로 힘쓴다해도 識神(식신), 아님이 없다. 고로 祖師께서 말하기를 "자네는 佛性이 없네."라고 하였다.

이에 如來께서는 大慈悲를 발하시어 大地의 중생에게 "時時刻刻으로 이 보살을 觀照하라."고 하셨다.

菩薩이 이 靈光의 慧力을 얻게 되어 오래되면 자연히 꿈에서 깨어나 융융(融融)한 것이 흡사 찌고 삶는 듯 하고, 활활(活活)한 것이 물동이에 와르르 구슬이 쏟아지듯 하면서 활연히 大光明을 놓는 것을 깨닫게 된다.

힘이 충분할 때에 이르면 홀연히 위로 솟구쳐 올라오는 것이 나의 識性과 합하여 하나가 되면 이 識性은 죽고 佛性이 신령하게 드러난다.

비록 그렇다 하나 順理로 가버리면 生人, 生物하고 逆來하면 成佛 作祖하게 된다. 凡人이냐 聖人이 되느냐는 모두 이 這箇일 뿐이다. 이른바 一物에 一 太極인데 이 太極이 있어야 知覺과 言語가 있고 이 태극이 없다면 눈이 감기고 입이 막히게 된다.

의학에서 말하는 "眞火"는 실제로는 無形하고 無影하나 그것은 배꼽 뒤와 신장의 앞에서 조금 내려간 곳의 공간에 매달려 있는 一穴에 감추어 있다.

이 한 구멍을 옛 날에는 淨土, 家鄉, 極樂國, 妙有眞空이라고 하였다. 이 眞火가 있으면 형체를 熏蒸하고 이 眞火가 없으면 호흡도 끊어지고 몸도 무너진다.

六祖의 이른바 "心은 地요, 性은 王이어서, 王이 心地에 있으면 王이 身心에 있게 되고, 왕이 가버리면 身心이 무너진다."고 하였다.

그러나 이 心은 심장을 말하는 것이 아니라 道心이다. 고로 道心이 北極에 거하면 뭇 별들이 모두 받든다는 것이다.

천하에 佛을 배우는 사람이 이 菩薩을 닦지 않고 달리 닦을 도가 있겠는가? 만약 닦을 것이 있다면 모두 旁門이나 外道에 속할 뿐으로 관자재보살의 道는 아니다.

위대한 知慧로 깨달음에 이르는 가장 중요한 가르침

관자재보살께서

깊은 지혜로 깨달음에 이르는 실천을 행하실 때, 모든 존재를 구성하는 다섯 가지 요소가 모두 텅 비어있는 것을 비추어 보고 온갖 괴로움과 재앙을 벗어났다.

사리자여. 물질이 공과 다르지 않고 공이 물질과 다르지 않으며, 물질이 곧 공이요, 공이 곧 물질이니, 느낌과 생각과 의지와 판단도 또한 그러하다.

사리자여. 이 모든 사물은 그 성질이 공하여 생겨나

지도 않고 없어지지도 않으며, 더럽지도 않고 깨끗하지도 않으며, 늘지도 않고 줄지도 않는다.

그러므로 공 가운데에는 물질도 없고, 느낌과 생각과 의지과 판단도 없으며, 눈과 귀와 코와 혀와 몸과 생각도 없으며, 빛과 소리와 냄새와 맛과 촉감과 생각의 대상도 없다.

시각의 영역도 없고 의식의 영역까지도 없으며, 어리석음도 없고 또한 어리석음이 다함 도 없으며, 늙고 죽음도 없고 또한 늙고 죽음이 다함까지도 없다.

괴로움, 괴로움의 원인, 괴로움의 없어짐, 괴로움을 없애는 길도 없으며, 지혜도 없고 또한 얻는 것도 없다.

얻을 것이 없는 까닭에 보살은 반야바라밀다를 의지하므로 마음에 걸림이 없다.

걸림이 없으므로 두려움이 없어서 뒤바뀐 헛된 생각을 멀리 떠나 마침내 열반에 이른다.

과거, 현재, 미래의 모든 부처님들도 이 반야바라밀다를 의지하여 위없이 올바른 깨달음을 얻었다.

그러므로 알아라. 반야바라밀다는 가장 신비한 주문이며, 가장 밝은 주문이며, 가장 높은 주문이며, 어느 것에도 견줄 수 없는 주문이니, 능히 온갖 괴로움을 없애주고, 진실하여 허망하지 않다.

그러므로 반야바라밀다의 주문을 말해주니, 주문은 곧 이러하다.

가자, 가자, 저 언덕으로 가자, 저 언덕으로 온전히 가면, 깨달음을 이루리라. (3번)

제 1 장

般若波羅密多心經에 대하여

"반(般)"이란 환(還 : 돌아옴)이며, "야(若)"란 순(順 : 따름)이다.

그러므로 "반야(般若)[1]"란 순행(順行 : 순리로 행함)하여, 곧장 누설하는 원정(元精), 원기(元氣), 원신(元神)을 반환(返還 : 다시 돌아오게 함)하는 것을 말한다.

【般이란 還也이며 若란 順也이라. 般若者란 返還順行하는 直洩之元精, 元氣, 元神也라】

유교(儒教)에서는 그것을 극기복례(克己復禮)[2]라 하고, 도(道)에서는 칠반구환(七返九還)[3]이라 한다.

【在儒에서는 謂之克己復禮이고 在道에서는 曰七返九還이라】

"파(波)"란 고해(苦海)의 홍파(洪波) 즉 큰 파도로, 이 바다를 일명(一名), 욕해(慾海)나 얼해(孼海)라고 한다.

파도(波濤)가 흉용(凶湧 : 흉하게 솟구침)하여, 사람이 빠지기가 아주 쉽다.

그러나 고해(苦海)가 끝이 없다 해도, 회두(回頭 : 머리를 돌이킴)하면, 곧 피안(彼岸)이다.

【波란 苦海之洪波로 此海를 一名慾海나 一名孼海이라. 波濤가 凶湧하여 最易溺人이라. 然이나 苦海가 無邊해도 回頭하면 是岸이라】

능히 반야법(般若法)[4]을 행하여 이 바다를 지난다면, 곧 이것이 신선(神仙)이다.

그러므로 파도가운데서 포라(包羅 : 벌려서 싸안음)하는 비밀스런 천기(天機)가 있는 것이다.

【能行般若法하여 過得此法하면 便是神仙이라. 則波中에서 包羅하는 有秘密天機也라】

"반야바라밀(般若波羅密)"이란, 이 다섯 글자는 불조(佛祖)께서 이미 밝게 풀이[註釋]를 하였으므로 다시 내가 보탤 필요는 없다.

【般若波羅密이란 五字는 佛祖께서 業已註明이니 吾不必贅이라】

이 경(經)은 이 다섯 글자 아래에 다시 "다(多)"라는 글자를 보탰는데 무슨 까닭인가?

파(波)가운데서 반환(返還)하는 비밀(秘密)한 천기(天機)는 그 행하는 공(功)이 많아야 마땅한 것으로, 가히 한두 번으로 일을 끝 낼 수 있는 것이 아니기 때문이다.

또한 사람의 기질(氣質)이 같지 않고, 또한 몸의 손상상태가 같지 않아, 실제로 숫자로 계산하기가 어려우므로, 내가 그 때문에 다(多)라는 글자를 거기에 묶은 것이다.

【而此經은 於五字下에 加一多字者인데 何也오? 蓋返還波中之秘密天機는 其功이 行宜多로 非可一二次로 了事也라. 且人之氣質이 不齊하고 虧損亦各異하여 實難以數目計하므로 吾因以多字括之라】

끝에 "심경(心經)[5)]"이라는 두 글자를 보탠 것은 무엇 때문인가?

대개 사람이 바라밀공(功)을 행(行)하고자하면, 전부 자기[己]의 "심군(心君)"으로 주인을 삼아야 하기 때문이다.

【末에 增以心經二字者는 何也오? 蓋人이 欲行波羅密之功이면 全在己之心君作主이라】

"경(經)"이란 원래 늘 일용(日用)하는 경(經)으로, 그 경은 서천(西天)의 태궁(兌宮)에 감추어있다.

【經者란 原係日用常經으로 其經은 藏於西天之兌宮이라】

사람이 서천(西天)의 태궁(兌宮)을 향하여, 늘 일용(日用)하는 경(經)을 취하고자 한다면, 남명(南冥)의 리화문명(離火文明)[6]이 아니면, 태금(兌金)[7]을 다스리고 굴복시켜, 수중(水中)의 금(金)을 취할 수 없다.

【人이 欲向西天兌宮하여 取此日用常經이면 非南溟之離火文明이면 無以制伏兌金하여 而取水中之金이라】

이것이 내가 남해(南海)에 기거(寄居)하며, 세상 사람들의 고(苦)를 구제하는 까닭인데, 실제로는 수행(修行)하는 사람이 경(經)을 취하는 고(苦)를 구제코자 함이다.

【此가 吾所以寄居南海하며 以救世人之苦인데 實

所以救修行者가 取經之苦也라】

이처럼 심경(心經)은 원래 금강경(金剛經)과 서로 표리(表裏 : 겉과 속)가 된다.

【夫心經은 原與金剛과 相表裏字이라】

금강경(金剛經)의 요체는, 모두 사상(四相)을 공(空)하게 하고, 육근(六根)을 지키고[守], 육진(六塵)을 맑게[淨]하는데 있다.

【金剛要者는 總是要空四相하고 守六根하고 淨六塵이라】

육진(六塵)이 맑지 않으면, 육근(六根)을 지키기가 어렵고, 사상(四相)을 비우기가 어려우므로, 이에 오온(五蘊)이 공(空)하지 못한 것이다.

그러므로 고(苦)를 구제하는 심경(心經)은 먼저 사람에게 오온(五蘊)을 공(空)하라고 가르친다.

【六塵이 未淨이면 六根을 難守하고 四相을 難空이

니 以五蘊이 未空이라. 故로 然求苦之心經은 先敎人에게 空五蘊이라】

用語註釋

1) 반야(般若) : 산스크리트(Sanskrit)어 프라즈냐(prajna)의 음역(音譯)으로 반야는 우리들의 眞心 本性에 본래 구족한 공능으로 우리들이 태어날 때부터 지니고 온 우리들이 알고 있는 총명이나 지혜와는 크게 다른 까닭에 직접적으로 지혜라고 번역할 수는 없다.

스스로 實相을 깨닫는 것이 바로 불교 心法의 秘旨인데, 이 실상의 이름을 淸淨心이라 한다. 이것이 중생의 身中에 있으면 如來藏心이라고 한다.

覺性이 있는 까닭에 佛性이라 하며, 萬法의 근본이 되므로 法身이라 하며, 영원히 변하지 않으므로 眞如라 하며, 알지 못하는 것이 없으므로 보리(菩提)라 하며, 歷劫에도 부서지지 않으므로 金剛이라 하며, 寂

然不動하므로 涅槃이라 하며, 萬法이 一性이므로 法性이라 한다. 유교에서는 性, 中, 道心이라 하며, 道에서는 一, 道, 谷神이라 한다.

무릇 가지가지의 名相은 모두 實相을 나타내는 이름으로 사람마다 갖추고 있으므로 밖으로 힘들게 구할 필요가 없다.

成佛作祖는 단지 이 一性일 뿐이니 고로 宗門 心法의 極峯은 즉 이 心을 밝히고 이 性을 보는 것이다.

智覺頌에 云 "반야는 본래로 참(眞)이건만, 自家에서 昧하고 서로 친하지 않는구나! 능히 정좌하여 회광반조하면 곧 생전에 옛 주인을 보게 되리라."고 하였다.

2) 극기복례(克己復禮) : 儒家의 心法으로 자신의 氣質적인 性을 克하고 원래의 禮를 회복한다는 뜻이다.

3) 칠반구환(七返九還) : 道의 心法으로 七은 火이고 九는 金인데 이 火와 金을 원래의 자리로 되돌리는 것이 수행의 핵심이다. 金火交易이라고도 한다.

4) 반야법(般若法) : 즉 眞如로 苦海를 뛰어 넘어 覺路에 오르는 방법으로, 수행에 있어서 順行하여 곧장 생식기를 통해 누설하려는 원정과 원기 그리고 원신을 다시 돌이켜 머리로 돌아오게 하는 것으로, 일반적으로 환정보뇌(還精補腦)라 한다.

여기에서 下手하는 秘法이 있는데 예컨대 의식과 두 눈과 그리고 호흡과 周天하는 도로와 멈춤 그리고 周天度數가 중요하다.

5) 심경(心經) : 心으로 宗旨를 삼고 持經으로 마음에 印을 치지 않으면 經文을 熟讀하여 거꾸로 읽는다 해도 무슨 이익이 있겠는가? 세상을 통해 煉心을 하여 克己하고 性을 닦아야 하는데 佛은 이런 고행을 하는 것으로 이렇게 단련하지 않으면 成佛할 수 없

다. 바람이 없으면 파도를 볼 수 없듯이 닦음이 없으면 어떻게 마음을 알겠는가?

無心頌에 云 "妄想이 興起하면 性이 곧 옮기고 성이 옮기면 六賊이 心田을 어지럽히네. 심전이 이미 흔들리면 몸에 주인이 없게 되어 생사의 윤회가 눈앞에 닥치리라."고 하였다.

6) 남명(南冥)의 리화문명(離火文明) : 남명은 元神을 가리키고 리화문명은 元神이 動한 眞義를 가리킨다.

7) 태금(兌金) : 이 金은 바로 先天의 乾金으로 이 선천기를 채취하여 모든 業障을 소멸하게 된다. 上根人은 이 金이 홍몽한 혼돈보다 먼저 있고 太極이 아직 갈라지지 않은 처음에는 원래 乾에 속해 있었음을 안다.

그러므로 그것을 乾金이라 한다. 大劫이 사귀고자 하고 혼돈의 德이 응답하려고 꾀하여 乾이 처음 坤과 사귀는데 이르러 이 金이 거꾸러져 坤宮으로 달려가 들어가므로 그것을 坤가운데 金이라 한다. 坤이 이 금을 얻게 되면 내부가 實해져 坎이 된다. 坤의 三爻는 본래 가운데가 모두 비었으므로 坤土라 부르는 것인데 이미 이 金을 얻었으면 그 가운데가 실해져서 坎의 모습을 이루게 된다.

坎의 바른 자리는 북방의 癸水의 자리인데 이 감은 水가 되며 金은 그 가운데 감추어 있다. 그러므로 水中金이라 한다. 수중의 금은 先天의 보물인데 후천의 坎에 오래 머물 수가 없다. 이 때문에 변하여 兌가 되는데 태는 혹 북방의 坎戶에서 뛰어서 서천의 西方을 점거하게 되면 이 금은 낮과 밤으로 生長하게 된다.

서쪽의 正位는 兌에 속하는 까닭에 이 금은 주로 兌가운데서 丹道를 행하게 된다. 그러므로 兌金이라 한다.

제 2 장

觀自在菩薩

原文解釋

관자재보살[1)]께서

觀自在菩薩眞解

"관(觀)"이란 신광(神光)[2)]으로 황정(黃庭)[3)]을 내조(內照)하는 것이다.

하늘(天)의 신(神)은 태양[日]에서 나타나고, 사람의 신(神)은 눈[目]에 머물고 있다.

그러므로 반야(般若)의 공(功)을 행하는 데는 반드시 신광(神光)으로 내조(內照) 즉 안을 비추어 하수(下手 : 착수함)해야 한다.

성명쌍수(性命雙修)의 공(功)도 또한 이에 지나지 않는다.

이것이 또한 시작과 끝을 이루는 공(功)이다.

【觀이란 神光으로 內照於黃庭也라. 天之神은 發於日하고 人之神은 棲於目이라. 故로 行般若之功인데는 必從神光으로 內照하여 下手이라. 而性命雙修之功도 亦不外是라. 此는 又徹始徹終之功也라】

소자(邵子 : 소강절[4])의 시(詩)에서 말하기를

건(乾)이 손(巽)을 만날 때에 월굴(月窟)을 보고,
지(地)가 우뢰를 만나는 곳에서 천근(天根)을 본다.
천근(天根)과 월굴(月窟)이 한가로이 가고 오니,
36궁(宮)이 모두 봄이로구나!

乾이 遇巽時에 觀月窟하고,
地가 逢雷處에서 見天根이라.
天根과 月窟이 閒來往하니,
三十六宮이 總是春이로라.

곧, 이것이 "관(觀)"이란 글자의 공(功)이다.
【卽此觀字之功也라】

"자재(自在)"란 일반적으로 말하는 쾌활(快活)한 것을 말한다. "자(自)"는 진아(眞我)이고, "재(在)"는 안정되어 있다는 뜻이다.

【自在란 卽俗所云快活也라. 自는 眞我也오. 在는 有定在也라】

자(自)라는 글자가 어떻게 진아(眞我)가 되는가?

자(自)라는 글자에서 위에 있는 별(丿)은 진양(眞陽)을 반환(返還)하는 모습을 나타낸다.

아래에 있는 목(目)은, 이른바 "항상 눈에 그것이 있다."는 것이다.

항상 눈에 그것이 있다는 것은, 곧 천(天)의 명명(明命)을 고시(顧諟)하는 것이니, 돌아보아 바르게 잡는 것이다. 즉 본명원신(本命元神)[5]이 있는 곳이다.

그러므로 진아(眞我)가 된다.

【自字가 何爲眞我인가? 自字에서 上從丿은 像眞陽之返還이라. 下從目은 卽所謂常目在之也라. 常目在之는 便是顧諟天之明命이니 卽本命元神之所在이라. 故로 爲眞我이라】

"보살(菩薩)"은 보제(普濟) 즉 두루 널리 구제함을 뜻한다.

【菩薩은 普濟也】

用語註釋

1) 관자재보살(觀自在菩薩) : 혜명경에 의하면 자재한 보살이 있는 玄關一竅를 觀하라고 하면서, 이 현관일규를 觀照하여 한 번 이 竅로 들어가면 萬事를 끝낼 수 있다고 하였다. 이 현관일규는 즉 진공묘유이다.

만약 訣을 얻은 사람이라면 眞空중에 下手할 것이니 이 진공을 떠나고는 별다른 길이 없으니 무너지지 않는 진공가운데로 나아가야 無生하는 道胎의 因을 이룰 수 있다.

瑜伽頌에 云 "달마가 西來할 적엔 한 글자도 없었고, 오로지 眞意에만 의해 공부하였네. 만약 책에서 佛法을 찾으려면 붓 끝으로 동정호를 마르게 하는 것이라."고 하였다.

현관일규는 즉 四聖과 六凡의 一大總竅이다.

모든 經에 표현하기를 법보리도량, 부동도량, 신통대광명장, 여래장, 법계장, 무진장, 비밀장, 무량의처, 정토, 삼마지, 총지문, 불이법문, 밀엄국등 많은 이름으로 표현했으니, 다 기록하기가 힘드나 이 一竅 아님이 없다.

佛道를 닦는 학자가 이 竅를 밝히지 않고 수련하면 만에 하나도 성공할 수 없음이요. 단지 후에 法緣에 기대야 한다.

고로 화엄에 말하기를 "여래의 大仙道는 미묘하여 알기가 어려우니 이 妙法을 구하지 않으면 끝내 보리를 이루지 못하리라."고 하였고,

미륵께서 말씀하기를 "그대가 천만겁을 지나더라도 끝내는 空亡에 떨어지리라."고 하셨다.

이 竅를 알지 못하고 수련하는 것은 소경의 수련이라 하는데 일생을 헛 보내게 될 뿐이다. 이 竅는 敎外別傳이므로 佛法은 듣기가 어려운 것이다.

뜻을 둔 眞修者가 至誠과 至德을 다하면 반드시 明師가 가르쳐 줄 것이다. 이 현관일규는 모든 부처님과 보살이 이로 말미암기 때문에 一門이라 하며 妙莊嚴海에 이로 인해 이르는 까닭에 길이라 한다.

고금에 비록 영리한 大才라도 연구하여 얻을 수 있는 것이 아니니, 반드시 들은 이 후에야 알 수가 있는 것이니 佛께서 "세간에서 믿기 어렵다."고 한 것이 바로 이것이다.

2) 신광(神光) : 元神의 用이 나타나는 두 눈의 빛을 가리킨다.

3) 황정(黃庭) : 有形의 황정은 배의 중심부근이고 無形의 중심은 희로애락이 아직 일어나지 않을 때가 중인 황정이 된다.

4) 소강절(邵康節) : 호는 안락선생(安樂先生). 자는 요부(堯夫). 시호는 강절(康節)인데 소강절(邵康

節)이라 불릴 때도 많다. 허난[河南]에서 살았으며, 주염계(周濂溪)와 같은 시대 사람으로, 이지재(李之才)로부터 도서 · 천문(天文) · 역수(易數)를 배워 인종(仁宗)의 가우연간(嘉祐年間 : 1056~1063)에는 장작감주부(將作監主簿)로 추대 받았으나 사양하고, 일생을 낙양(洛陽)에 숨어 살았다.

사마 광(司馬光) 등의 구법당(舊法黨)과 친교하면서 시정(市井)의 학자로서 평생을 마쳤다. 남송(南宋)의 주자(朱子)는 주염계, 정명도(程明道), 정이천(程伊川)과 함께 강절을 도학(道學)의 중심인물로 간주하였으며, 강절은 도가사상의 영향을 받고 유교의 역철학(易哲學)을 발전시켜 특이한 수리철학(數理哲學)을 만들었다. 즉, 역(易)이 음과 양의 2원(二元)으로서 우주의 모든 현상을 설명하고 있음에 대하여, 그는 음(陰) · 양(陽) · 강(剛) · 유(柔)의 4원(四元)을 근본으로 하고, 4의 배수(倍數)로서 모든 것을 설명하였다.

이 철학은 독일의 G. W. F. 라이프니츠의 2치논리

(二値論理)에 힌트를 주었다고 전한다.

그는 《황극경세서(皇極經世書)》 62편을 저작하여 천지간 모든 현상의 전개를 수리로서 해석하고 그 장래를 예시하였으며,

또 《관물내외편(觀物內外編)》 2편에서 허심(虛心), 내성(內省)의 도덕수양법을 설명하였다. 또한 자유로운 시체(詩體)의 시집(詩集) 《이천격양집(伊川擊壤集)》 (20권)의 작품이 있고, 《어초문답(漁樵問答)》 (1권) 등이 있어 후세에 많은 영향을 끼쳤다.

5) 본명원신(本命元神) : 삼일신고 神訓에 자성으로 子를 구하면 너의 머리골 속에 이미 내려왔느니라(自性求子 降在而腦)고 하였는데 바로 正法眼藏이며 本命元神인 것이다.

제 3 장

行深般若波羅密多時

原文解釋

깊은 지혜로 깨달음에 이르는 실천을 행하실 때,

觀自在菩薩眞解

"행심(行深)[1)]"과 행지(行持)가 가장 깊다는 뜻이다.

【行深과 行持가 最深也라】

"반야[2]바라밀다[3]시[4](般若波羅密多時)"란 이 공(功)을 행지(行持)하여 아주 오래되면 활자시(活子時[5])와 정자시(正子時)[6]의 진정한 천기(天機)를 얻을 수 있음을 말한다.

【般若波羅密多時란 言行持此功하여 最久이면 而得活子時와 與正子時之眞正天機也라】

또한 "다(多)"라는 글자는 2개의 석(夕)으로 되어 있는데, 곧 회삭(晦朔 : 그믐과 초하루)이 사귀는 때이며, 해자(亥子)가 사귀는 때로, 비록 일야(一夜)의 중간이나 실제로는 양석(兩夕)의 사이에 있는 것이다.

이것이 다(多)라는 글자의 은어(隱語)이다.

【多字는 從二夕인데 卽晦朔之交이며 亥子之際로 雖屬一夜之中이나 實在兩夕之間이라. 此多字之隱語也라】

또한 수성(修性 : 성을 닦음)에는 성공(性功)의 자시(子時)가 있고, 수명(修命)에는 명공(命功)의 자시(子時)가 있다. 이것도 또한 양석(兩夕)의 뜻이다.

【且修性에는 有性功之子時하고 修命에는 有命功之子時이라. 此亦兩夕之意라】

頂批

천상(天上)의 자시(子時)를 찾으려 말라.

사람의 몸(人身)에서 자연히 일양(一陽)이 생(生)하는 것이다.

【莫向天上尋子時하라. 人身에 自有一陽이 生이라】

用語註釋

1) 행심(行深) : 眞如의 心으로 인식하고 이해하고 실천하는 것을 行深이라 한다. 一切是非의 心이 眞如의 心을 觸動해도 眞如가 如如不動한 것이 즉 行深般若이다.

2) 반야 : 중국어로 妙智慧를 말한다. 智로 만년의 어리석음을 깨뜨리고 慧로는 천년의 어둠을 없앤다. 반야는 모든 佛을 이루게 하는 佛의 母이다. 금강반야는 능히 識神을 제압한다.

3) 바라밀다(波羅蜜多) : 사상과 理智의 性을 化하는 공부로 習性을 제거하고 품성이 化하여 天性이 원만해지는 것으로 "행심반야바라밀"은 하루 아침에 이루어지는 것이 아니고 일생을 통해 늘 해야 하기 때문에 즉 多時인 것이다. 첫째로 淫性을 제거하는 것

이 필요하고 七返九還을 행하여 먼저 그 오는 것을 깨닫고 뒤에 返還을 알아야 한다.

4) 시(時) : 수련의 입장에서 해석한 혜명경에서는 이 時에 대해 특별히 주석하였는데 옮겨 보면, 모든 경의 스타일은 모두 雙意로 나타냈는데 오직 여기서만 "時"라고 하였으니 어찌 이상하지 않은가?

이것은 如來께서 後人에게 時가 아주 중요한 것임을 알게 하시려는 의도이다. 그러므로 이 時란 자연적인 시간을 말하는 것이 아니다. 이것은 바로 禪定중에 싹이 움직이는 때를 말한다.

古德云 "만약 그 때를 말한다면 정해진 때가 없으니 맑은 바람과 밝은 달이 뜨면 자연히 몸에서 알게 된다."고 하였고,

儒에서는 "달이 하늘 한 가운데 이르고 바람이 水面에 부는 때"라고 하였다.

모든 이들이 비록 妙한 비유로 天機를 누설하였지만 모두 이 時에 대해 설명하려 하지 않아 결국은 알

수가 없었다. 나는 죄짓는 것을 마다않고 누설하고자 한다.

무릇 時란 바로 나의 몸 가운데서 慧命이 自動하는 때이다. 古德이 말하는 活子時인 것이다. 그것이 생겨나는 조짐(機)은 마치 맹렬한 불과 같고 세찬 바람에 불꽃과 같아서 스승께서 意와 息에 대한 전수를 받지 않고 서는 制伏할 수가 없다.

달리 猛虎라고도 하는데 오로지 사람의 性과 命을 마시고 사람의 骨髓를 빨아먹으니 그대로 두면 저 三敎의 영웅호걸이라도 眞傳을 얻지 못한 사람은 그것에 상함을 당하지 않을 수 없다.

옛 날의 志士나 高人도 반드시 먼저 이 猛虎를 굴복시킨 다음에라야 비로소 그 道를 이루었던 것이다. 그것이 發動하는 모습을 形容하면 훈훈(薰薰)한 것이 마치 목욕할 때에 나른하고 따뜻한 것 같고 열열(烈烈 : 세차고 일어남)한 것이 불길이 치솟는 것 같아 한 가닥 힘차고 강렬한 성질이 熏蒸하면서 음욕의 뿌리를 향하여 아래로 가 있던 생식기가 별안간 일어서

게 되는데, 몸을 도는 精華가 그것의 지휘를 받지 않을 수 없게 된다.

醫家들이 말하는 外腎이 일어나는 것이 成佛作祖하는 妙訣이라는 것인 즉 下手가 여기에 있는 것이다. 만약 眞傳을 얻었다면 어찌 의심하랴?

그러므로 "時"란 釋敎에서 가장 중요한 비밀인 것이다.

丹霞頌에 云 "그믐과 초하루 사이 活子辰에 아가타약이 긴 봄을 점치네. 三華는 근본에 모여 때때로 화창하고, 五氣는 朝元하며 날마다 새롭네"라고 하였다.

5) 활자시(活子時) : 수련 중에 몸안에서 一陽이 발생하는 때이다. 陽이 생할 때란 자연적인 年, 月, 日, 時를 말하는 것이 아니고 어떤 현상이 나타나는 것으로 기준을 삼으므로 활자시라 한다.

12消息卦의 순서로 살펴보면 陽은 復卦에서 시작하는 까닭에 一陽來復이라고 한다. 이때에 身中에서

氣가 생하면 陽物이 아무 생각도 없는데 勃起하게 된다.

당나라의 최희범의 "입약경"에 말하기를 "一日內 12時중에 意가 이르는 곳이면 모두 행할 수 있다."고 하였는데 왕도연의 주석을 보면 一陽來復이란 身中의 子時를 말한다. 一陰이 생하면 姤인데 身中에 午時이다. 이것은 천지의 조화를 一刻에 가히 빼앗을 수 있다.

송나라 장백단의 오진편에서는 "8월 15일 달 빛을 음미하니 바로 金精이 왕성할 때이다. 만약 一陽이 다시 일어나면 곧 바로 進火하여 늦추지 말아야 한다."고 하였다. 이것은 無形 無象한 중에서 구해야 한다.

6) 정자시(正子時) : 大周天功을 행하는 과정 중에 大藥이 발생할 때를 말한다. 대중천 공법중에는 이미 天人이 계합하여 하나가 되니 人身과 天時가 서로 감응하게 된다.

제 4 장

照見五蘊皆空
度一切苦厄[1)]

原文解釋

모든 존재를 구성하는 다섯 가지 요소가 모두 텅 비어있는 것을 비추어 보고

온갖 괴로움과 재앙을 벗어났다.

觀自在菩薩眞解

"조견오온개공(照見五蘊皆空)"이란 밝은 덕(明德)이 이미 밝아져, 한 터럭의 장애(障碍)나 가림이 없는 것을 말한다.

【照見五蘊皆空者란 明德이 旣明하여 無一毫障蔽也라】

"도일체고액(度一切苦厄)"이란 안(內)으로는 자기를 제도하고, 밖(外)으로는 사람들을 제도하는 것이다.

【度一切苦厄者란 內로는 則度己하고 外로는 則可以度人也라】

"고액(苦厄)"이란 즉 인심(人心)이다.

인심(人心)은 오직 위태로울 뿐[惟危]이니, 진실로 성명(性命)에 근심이 된다. 그러므로 고액(苦厄)이라 말한다.

【苦厄이란 卽人心也라. 人心은 惟危이니 實有性命之憂라. 故로 謂之苦厄이라】

어째서 성명(性命)에 근심이 된다는 것인가?

대개 성(性)이란 사람에 있어 혼(魂)에 속하는데, 그 성질이 쉽게 비양(飛揚)하므로 그것을 가라앉히기가[沈] 어려운 것이고,

【何以有性命之憂인가? 蓋性이란 屬人之魂인데 其性이 易飛揚하므로 而難使之沈이고】

명(命)이란 사람에 있어 백(魄)에 속하는데, 그 명(命)은 쉽게 아래로 떨어지므로 그것을 뜨게 하기가[浮] 어렵기 때문이다.

사람이 늘 일분(一分)의 정욕(情慾)이 움직이면, 곧 일분(一分)의 선천(先天)이 소모되니, 즉 일차(一次)의 성명(性命)을 잃어버리게 된다.

오래되어 성명(性命)을 완전히 잃어버리게 되면, 곧

죽게 되니, 어떤 고액(苦厄)이 이보다 크겠는가!

【命이란 屬人之魄인데 其命은 易下墜하므로 而難使之浮라. 人이 每動一分精慾이면 卽虧一分先天이니 卽□ 一次性命이라. 久之하여 而性命을 □ 完이면 便死矣이니 苦厄孰大焉인가 ! 】

만약 청심과욕(淸心寡慾)[2)]하여, 도심(道心)으로 인심(人心)을 변화(化)시키고, 아울러 신광(神光)으로 항상 내조(內照)를 더하게 되면, 곧 구혼(拘魂 : 혼을 붙잡음)하고 집백(執魄 : 백을 붙잡음)하여, 올라가는[升]것을 모두 내려오게[降]하고, 내려가는[降]것을 모두 올라가게[升]하면, 곧 오온(五蘊)이 공(空)함을 성취하여 자재보살(自在菩薩)이 되는 것이니, 어찌 일체(一切)의 고액(苦厄)을 제도한 것이 아니겠는가?

【若能淸心寡欲하여 以道心으로 化其人心하고 又加以神光으로 常常內照하면 便能拘魂하고 執魄하여 使升者를 皆降하고 降者를 皆升하면 則五蘊이 便空함을 而成하여 其爲自在菩薩이니 豈非度一切苦厄乎

아!】

무엇을 "오온(五蘊)[3)]"이라 하는가?

색(色)과 수, 상, 행, 식[受想行識]을 말한다.

사람이 아직 이 오온(五蘊)을 공(空)하게 하여, 능히 그 고액(苦厄)을 제도(濟度)하지 못하고 있다.

【何謂五蘊인가? 色과 與受想行識是也라. 人이 未有不空此五蘊하여 而能度其苦厄也라】

頂批

고불(古佛)께서 평(評)하여 말씀하시기를

"욕념(欲念)이 일동(一動)하면 선천(先天)의 기(炁)가 곧 흩어진다. 선천(先天)의 기(炁)가 한번 흩어지면, 혼백(魂魄)이 황정(黃庭)에서 교구(交媾)하지 못하게 된다. 곧 한 차례 분산(分散)한 것이 오래되어, 혼백(魂魄)이 흩어진 것이 다시 회복하여 모이지 않게 되면 죽게 된다."고 하였다.

【古佛께서 評云하시기를 欲念이 一動하면 先天之炁가 卽散이라. 先天炁가 一散하면 而魂魄이 不能交媾於黃庭이라. 卽分散一次가 久之하여 而魂魄之散者가 不能復聚하면 便死矣라】

황정(黃庭)이란 중궁(中宮)을 말한다.

16자(字)의 심전(心傳)에 말하기를 "반드시 진실로 중(中)을 잡으라."고 하였고, 중용(中庸)에 말하기를 "군자(君子)는 시중(時中)이라."고 하였다.

【黃庭者란 中宮是也라. 是以十六字之心傳에서 必曰 允執中이고, 中庸曰 君子는 而時中이라】

用語註釋

1) 照見五蘊 皆空 度一切苦厄 : 眞如妙明은 塵世를 사랑하지 않고 功名과 利祿을 구하지 않고 酒色財氣를 탐하지 않고 生死離別을 슬퍼하지 않고 喜怒愛樂 등이 일어나지 않는다.

일체심은 모두 眞如에 비친 塵緣의 諸相이다. 眞如는 본래 增減이 없어 모두 水中에 비친 달 같고 거울 속의 꽃과 같다. 眞如妙覺의 靈明은 본래 불변한다. 그런 까닭에 五蘊을 비추어보니 모두 空한 것이다.

모두 空하니 일체의 苦厄이 없다. 자재보살을 觀하여 현관일규가 열리면 先天□ 가 발하여 오온을 녹일 수 있다.

2) 청심과욕(淸心寡慾) : 마음을 맑게 하고 욕심을 삼감.

3) 오온(五蘊) : 오온이란 곧 色, 受, 想, 行, 識이다. 五陰이라고도 하는데, 능엄경에 이 오음이 녹는데 따르는 魔障이 잘 설명되어 있다.

色은 色質로 볼 수 있고 만질 수 있는 것이니 모두 色이라 이름 한다. 크게는 수미산이나 작게는 微塵으로 모두 공간을 점유하고 있는 것은 모두 色이다.

受는 받아들이는 것으로 感受하는 것으로 느낌인데

受에는 苦受, 樂受, 不苦不樂受인 3종이 있다.

想이란 현재 눈앞에 나타난 경계에 그 相을 취하게 되면 이것이 想이며 과거의 사물이나 미래의 사물이 마음속에 떠오르면 또한 想이다. 만약 과거나 현재나 미래 경계의 相에 집착하지 않으면 想이 없게 된다.

行이란 움직임과 遷流하는 것으로 우리들의 몸은 매일 변화하여 머리칼도 자라고 세포도 점점 노화되어가는 데 이러한 것들 모두가 行의 작용이다. 밖의 물질적 조작이나 변화, 內의 意念의 遷流는 모두 行蘊의 작용이다.

識이란 분별이나 인식이다. 마음속에 일종에 認識이 일어나면 了別하는 작용이 있는데 곧 識法이라 부른다.

제 5 장

舍利子

原文解釋

사리자

觀自在菩薩眞解

그 때에 이름이 "사리자(舍利子)"라는 제자가 있었는데, 나를 따른 지 이미 오래되었다. 공행(功行)이 또한 깊어, 영원히 그 고액(苦厄)을 제도하고자 하였다.

【時有弟子이며 名이 舍利子인데 事吾已久이라. 功行이 亦深하여 正欲求其度苦厄者라】

내가 그 이름을 부르면서 고(告)하여 말하기를 "오온(五蘊)중에서 가장 공(空)하기 어려운 것은 그 첫번째가 오직 색(色)에 있다."고 하였다.

【吾因呼其名하며 告之曰 五蘊之最難空者는 其先惟在於色이라】

세상에서 호색(好色)하나 호덕(好德)하지 않는 것은, 바로 색신(色身)으로 보배(寶)를 삼는 까닭인데, 그것은 끝내 공망(空亡)에 떨어질 뿐이라는 것을 모르고 있다.

【世之好色하나 而不好德者는 是以色身으로 爲寶인데 而不知其終落空亡也라】

대저 형색(形色)중에는 원래 천성(天性)이 있는데, 성인(聖人)께서는 능히 천형(踐形 : 형체에 실천함)하여 곧 진성(盡性)할 수 가 있는 것이다.

【夫形色之中에는 原有天性인데 聖人께서는 能踐形하여 便能盡性이라】

頂批

천형(踐形)에서 천(踐)이란 글자는, 실제적인 공(實功)을 말한 것으로, 구결(口訣)이 있는 것인데, 반드시 궁리진성(窮理盡性)한 이라야 비로소 전해 얻고 들어서 알 수가 있는 것이다.

사람이 능히 온갖 인연 다 놓아버리어[萬緣放下] 일념(一念)이 규중(規中)에 있게 되면, 곧 성선(成仙)하고, 성불(成佛)할 수가 있다.

【踐形에서 踐字는 而實功으로 有口訣인데 必要窮理盡性者라야 方得傳하고 而聞知이라. 人能萬緣放下하여 一念이 規中이면 便可成仙成佛耳라】

제 6 장

色不異空 空不異色
色卽是空 空卽是色
受想行識 亦復如是

原文解釋

물질이 공과 다르지 않고 공이 물질과 다르지 않으며,

물질이 곧 공이요, 공이 곧 물질이니,

느낌과 생각과 의지와 판단도 또한 그러하다.

이 색(色)가운데 원래 덕(德)이 있는데, 덕(德)과 색(色)의 갈림은, 오직 이 색(色)을 공(空)하느냐, 불공(不空)하느냐에 달려있다.

【是色之中에 原有德인데 德과 與色之分은 惟在看得空이냐 與不空耳라】

능히 공(空)하게 할 수 있다면, 즉 호색(好色)이 호덕(好德)이고, 불공(不空)한다면, 다만 호음(好淫)이라고 할 뿐, 호색(好色)이라 말할 수 없다.

【能看得空이면 則好色이 卽好德이고 看得不空이면 祇可謂之好淫일뿐 並不可謂之好色이라】

마침내 성명(性命)이 사라지면, 색(色)도 또한 좋아할[好]수가 없는 것이니, 참으로 슬픈 일이다!

【卒之性命이 去하면 而色도 亦不能好이니 良可悲

也라】

공성(孔聖)께서 말씀한 것을 생각해보면 "관저(關雎)[1]는 락(樂)하나 불음(不淫)이라."고 하였고,

또 옛 현명한[賢] 이는 말하기를 "국풍(國風)[2]은 호색(好色)하나, 불음(不淫)이라."고 하였으니 어찌 공(空)하고자 한 것이 아니겠는가?

【試思孔聖云 關雎는 樂하나 而不淫이라. 又昔賢云 國風은 好色하나 而不淫이라. 豈非看得空乎아?】

대저 음(淫)이란 만악(萬惡)의 첫 번째로, 이것은 비외면(非外面), 비례(非禮), 비의(非義)한 사음(邪淫)인 것이다.

즉 부부(夫婦)가 집에 있는 사이에도, 때가 아닌데 섹스를 하거나, 까닭도 없이 하나의 욕념(欲念)이 일어나는 것은 다 음(淫)이라고 하는데 모두 첫 번째 악(首惡)을 범(犯)하는 것이다.

【夫淫이란 爲萬惡之首로 非外面, 非禮, 非義之邪

淫也라. 卽夫婦가 居室之間에도 凡交不以時하거나 無故而發一慾念은 皆謂之淫인데 皆犯了首惡이라】

무엇을 수악(首惡)이라고 하는가?

대개 음(淫)을 범(犯)하면, 곧 불효(不孝)가 된다.

무릇 효(孝)란 백행(百行)의 으뜸인데, 불효(不孝)가 어찌 온갖 악[萬惡]의 첫째[首]가 아니겠는가?

【何以謂之首惡오? 蓋犯淫하면 卽不孝也라. 夫孝란 爲百行之原인데 而不孝가 豈非萬惡之首惡乎아?】

사람 몸[人身]의 사대(四大)는 모두 거짓으로, 오직 선천(先天)의 원정(元精)과 원기(元氣) 그리고 원신(元神)만이 참된 것이다.

부모(父母)가 온전히 살아 계신데, 자식이 온전하지 못하고 죽는다면, 어떻게 효자(孝子)라 할 수가 있겠는가?

【人身의 四大는 皆假로 惟先天之元精과 元氣 그리고 元神만이 爲眞이라. 父母가 全而生之인데 子가 不

能全하여 而歸之면 尙得謂之孝子乎아? 】

맹자(孟子)가 말하기를 "사집(事執)하는 것이 대(大)가 되고, 사친(事親 : 효도 함)하는 것이 대(大)가 되고, 수집(守執)하는 것이 대(大)가 되고, 수신(守身)이 대(大)가 된다."고 한 것이 이것이다.

【孟子曰 事執爲大하고 事親爲大하고 守執爲大하고 守身爲大가 此之謂也라】

대개 수신(守身)의 도(道)는 곧 수신(修身)의 도(道)로, 능히 수신(修身)한다면 곧 사친(事親 : 효를 함)하는 것이고, 사친(事親)하면 능히 사천(事天)하는 것이니, 희성(希聖)하고 희천(希天)하는 도(道)가 곧 그 가운데 있다.

【蓋守身之道는 卽修身之道로 能修身하면 便能事親이고 能事親하면 便能事天이니 而希聖하고 希天之道가 卽在其中矣라】

고(故)로 색자(色字)를 공(空)[3]하게 하면, 성(聖)이 되고 신(神)이 되니, 죽어도 죽지 않게 된다.

불공(不空)하게 되면 사(邪)가 되고 귀(鬼)가 되니 살아도 죽은 것과 같다.

그러나 이 색자(色字)를 공(空)하게 하는 것이 가장 어렵다.

【故로 將色字를 看成空하면 則爲聖爲神이니 死而不死라. 看得不空이면 則爲邪爲鬼이니 生若罔生이라. 然此色字를 最難看得空이라】

내가 사람에게 공(空)하게 하는 방법을 보이고자 하는데, 사람이 욕념(欲念)이 발동(發動)할 때에 곧 스스로 생각하며 말하기를 "이 색(色)은 진색(眞色)이 아니다. 끝내는 공망(空亡)에 떨어질 것이다."고 할 것이다.

【吾示人以看空之法인데 人이 當慾念이 發動時에 便自思曰 此色은 非眞色이라. 終落空亡者也라】

나에게 일념(一念)의 욕(欲)이 있게 되면, 곧 일분(一分)의 선천(先天)이 이지러져 나의 성명(性命)도 곧 일분(一分)이 부서져 공망(空亡)이 되니, 이것이 색(色)은 무릇 공(空)과 다르지 않다.

"色不異空"이라는 것이다.

또한 온갖 악(萬惡)의 첫 번째(首)를 범(犯)하면서 어떻게 불공(不空)함을 볼 수 있겠는가?

【吾有一念之欲이면 卽虧一分先天이니 而我之性命도 卽墮一分空亡이니 是色不異空也라. 且犯萬惡之首하면서 有何看得不空인가?】

또한 생각해보면 태공(太空)은 비공(非空)이고, 진공(眞空)은 불공(不空)으로 청허광명(淸虛光明)한 색(色)은 오랜 세월을 지난다[歷久]해도 부서지지 않아 만고(萬古)에 장존(長存)함이 이와 같으면 즉 진색(眞色)이 되는 것이니, 이것이 공(空)은 무릇 색(色)과 다르지 않다.

즉 “空不異色”이라는 것이다.

【且思太空은 非空이고 眞空은 不空으로 而淸虛光明之色은 歷久不壞하여 萬古에 長存이면 如是則爲眞色이니 是空不異夫色也라】

하필 이러한 공망(空亡)의 색(色)을 좋아하여 수악(首惡)한 음(淫)을 저지르는가!

하물며 호색(好色)으로 성명(性命)을 없애, 끝내 진색(眞色)을 잃게 되니. 가히 색(色)이 즉 이 공(空) 즉 “色卽是空”을 알 수 있을 것이다.

【何必 好空亡之色하여 而犯首惡之淫인가! 況好色으로 而□ 性命하여 終失其色이니 可知色이 卽是空也라】

공(空)하게 하여 성명(性命)을 보전하고, 그 색(色)을 오래 누리게[長亨]되면 가히 공(空)이 즉 색임[空卽是色][4)]을 알 수 있을 것이다.

이와 같이 할 수 있으면, 오온(五蘊)중에 “색자(色

字)의 락(樂)"을 얻어 고액(苦厄)을 건널 수 있게 된다.

【有空하여 而保性命하고 長享其色이면 可知空이 卽是色也라. 如是하면 則得五蘊中에 色字之樂하여 而苦厄度이라】

또한 이로 좇아, 부부를 발단[造端夫婦]으로 하여 가히 초범입성(超凡入聖)할 수가 있는 것인데, 바로 공(空)을 얻게 되어 무궁(無窮)한 수용(受用)이 있으면 곧 오온(五蘊)중의 "수자(受字)의 락(樂)"을 얻어 고액(苦厄)을 건너게 될 것이다.

그렇지 않고 잠시의 즐거움[歡娛]을 꽤하려다 가는, 곧 바로 법계(法界)가 불구덩이가 될 것이다. 이것은 호색(好色)하나 색(色)을 내가 수용(受用)하지 못한 때문이다.

【且從此로 而造端夫婦하여 可以超凡入聖인데 是看得空하여 有無窮之受用하면 便得五蘊中에 受字之樂하여 而苦厄度이라. 不然하고 圖暫時之歡娛하면 便

是法界가 火坑이라. 是好色이나 而不能使色爲我之受用也라】

또한 색(色)을 수용(受用)함으로 말미암아 신완(神完)하고 기족(氣足)한 상태로 아들을 낳으면 총명하고 준수(俊秀)한 사내(男)를 얻게 될 것이고, 수도(修道)하게 되면 희성(希聖)이나 희천(希天)하는 공(功)을 성취하게 되고, 입세(入世)하면 아들의 부귀와 복택(福澤)이 무궁할 것이고, 출세(出世)하면 몸이 통천복지(洞天福地)에 항상 머물게 될 것이다.

【且由受用으로 而神完하고 氣足으로 以之生子하면 則獲聰明하고 俊秀之男이고 以之修道하면 則成希聖希天之功하고 入世하면 則子之富貴와 福澤이 而無窮이고 出世하면 則身之洞天福地中에 常住이라】

부부(夫婦)의 사이에 심심상인(心心相印)하여, 오랜동안 차환(此歡)하고 피환(彼歡)하여 공(空)을 얻게 되면, 곧 오온(五蘊)중의 “상자(想字)의 락(樂)”을 얻어 고액(苦厄)을 건너게 된다.

【夫婦之間에 心心相印하여 長爲此歡하고 彼樂하여 是看得空이면 便得五蘊中에 想字之樂하여 而苦厄度이라】

그렇지 않고 망령되게 서로 생각(相思)하여 일념(一念)의 기욕(嗜慾)을 쌓게 되면, 곧 일분(一分)의 정신(精神)을 덜게 되고[損], 일분의 정신(精神)을 덜게 되면, 곧 일분(一分)의 복택(福澤)을 덜게 되는 것이니, 상자(想字)의 고액(苦厄)을 어찌 쉽게 말할 수 있겠는가?

【不然하고 妄爲相思하여 蓄一念嗜慾하면 卽損一分精神하고 損一分精神하면 卽損一分福澤이니 想字之苦厄을 可勝言哉인가！】

이 때문에, 지아비[夫]는 내조(內助)하는 현부(賢婦)를 얻어, 가주(家主)로서의 의(義)를 얻어야 환과(鰥寡：늙어 아내가 없는 사람)의 궁민(窮民)같은 부류

[類]가 되지 않게 된다.

【由是로 而夫가 得內助之賢婦하여 得家主之義해야 不類鰥寡之窮民이라】

서로 함께[互相] 행지(行持)하여 자기도 건너고, 다른 사람도 건너게[度]하고, 가히 중생(衆生)도 건너게[度]하여 공(空)함을 얻게 되면, 곧 오온(五蘊)중의 "행자(行字)의 락(樂)"을 얻어 고액(苦厄)을 건너게(度)된다.

【互相行持하여 可以度己하고 可以度人하고 可以度衆生하여 是看得空이면 便得五蘊中의 行字之樂하여 而苦厄度이라】

그렇지 않고 망령되게 행음(行淫)하여 양패상앙(兩敗傷殃 : 둘 다 패하여 다치는 재앙)하면, 그 고액(苦厄)은 비단 재앙이 그 몸뿐 아니라, 아울러 그 자손(子孫)에게도 미치게 되니, 어느 고액(苦厄)이 이보다 크겠는가?

【不然하고 妄爲行淫하여 兩敗傷殃하면 其苦厄은 不但災其身이며 並殃其子孫이니 苦厄孰大焉인가?】

이로 말미암아 지혜(智慧)가 크게 열려 천지(天地)의 원미(元微)를 궁구하고, 음양(陰陽)의 묘리(妙理)를 통달하여, 심중(心中)이 공공동동(空空洞洞)하고 육통사벽(六通四闢)하면 조도(造到)가 어렵지 않은 것이다.

【由是智慧가 大開하여 窮天地之元微하고 達陰陽之妙理하여 心中이 空空洞洞하고 六通四闢하면 不難造到이라】

지성(至誠)이 신(神)과 같아, 바로 공(空)함을 얻으면, 곧 오온(五蘊) 중에 "식자(識字)의 락(樂)"을 얻어서 고액(苦厄)을 건너게 된다.

【至誠이 如神하여 是看得空이면 便得五蘊中에 識字之樂하여 而苦厄度이라】

그렇지 않고 오로지 후천(後天)의 식신(識神 : 알음알이)을 용사(用事)하여 정욕(情慾)에 방종하면 지기(志氣)가 더욱 혼타(昏惰)하고 심성(心性)이 더욱 흑암(黑暗)이 되니, 죽지 않았다 해도 본명(本命)의 원신(元神)은 이미 일찍이 지옥(地獄)중에 있는 것이니 그 고액(苦厄)이 진실로 무량(無量)하다.

【不然하고 專以後天識神을 用事하여 肆情縱慾하면 志氣가 愈昏惰하고 心性이 愈黑暗이니 未死해도 而本命元神은 已早在地獄中矣니 其苦厄이 眞無量也라】

고(故)로 "수상행식(受想行識)"도 또한 마땅히 색자(色字)와 같이 함께 공(空)하게 하여야 한다.

이와 같은 것이 있기 때문에 내가 다시 사리자(舍利子)에게 말하기를 "이것은 즉 불조(佛祖)의 의발(衣鉢)이며 오신(吾神)의 대감로법문(大甘露法門)[5]인 것이다." 라고 하였다.

【故로 受想行識도 亦當與色字와 並看得空이라. 有如是者로 吾因再呼舍利子曰 此卽佛祖之衣鉢이며 吾神之甘露法門也라】

頂批

외면(外面)의 사음(邪淫)은 금수(禽獸)와 더불어 다름이 없어 자연히 국법(國法)으로 벌을 주고 명견(冥譴)으로 벌주어 과보(果報)가 나타나니, 어찌 내가 말할 필요가 있으랴!

여기서 말하는 것은 특별히 수신(修身)하는 사람(士)으로, 조금이라도 예의(禮義)를 아는 이에게 말하여 고액(苦厄)을 건너게[度]하고자 함인 것이다.

【外面의 邪淫은 此與禽獸와 無異하여 自有國法으로 誅之하고 冥譴으로 罰之하니 果報顯之하니 何用吾之饒舌하랴! 昔之所言은 特爲修身之士로 與稍知禮義者에게 言之하여 度苦厄耳라】

用語註釋

1) 관저(關雎) : 동양 최고의 문학서로 꼽히는 ≪시경(詩經)≫ 첫 머리에 나오는 시(詩)다. 상징과 비유가 뛰어나면서도 농밀한 남녀상열지사(男女相悅之詞)를 담고 있지만 음란하지 않은 것이 특징이다.

공자는 "즐거우면서도 음탕하지 않고, 슬프면서도 상하지 않는다."(樂而不淫 哀而不傷)고 하였다.

關關雎鳩　在河之洲
窈窕淑女　君子好逑
參差荇菜　左右流之
窈窕淑女　寤寐求之
求之不得　寤寐思服
悠哉悠哉　輾轉反側

꾸꾸꾸꾸 물수리새 모래톱에 정답듯이
아리따운 아가씨는 군자의 좋은 짝이라.
올망졸망 마름풀을 이리저리 헤쳐 찾듯
아리따운 아가씨를 자나깨나 구하고저,
구하여도 얻지 못해 자나깨나 생각노니
아득하고 아득하여 이리저리 뒤척이네.

2) 국풍(國風) : 중국의 문학에서, 가장 오래된 시집인 《시경》 중에서 민요 부분을 통틀어 이르는 말. 정풍과 변풍이 있으며 모두 135편이다.

3) 색자(色字)를 공(空)함 : 육조단경 끝 부분의 偈 중에 "淫性이 본래 淨性因이니 淫을 없애면 곧 이것이 淨性身이라."고 하였다.

4) 공즉시색(空卽是色) : 당나라 중기 남양 등주 땅에 태어나 뛰어난 문장으로 후세에 당, 송 팔대가의 한사람으로 추앙받은 한퇴지(한유)는 처음에는 불교를 매우 배척하여 자사(지방장관, 주지사) 벼슬에 올라 불법을 비방하는 글을 자주 상소하다가 왕(憲完)의 미움을 받아 서울(장안)에서 8000리 떨어진 변방의 조주(潮州) 자사로 좌천되었다.

그때 조주 땅에는 태전선사라는 고승이 축령봉 에서 수십 년간 수도에만 전념하여 생불(生佛)로 추앙받고 있었다. 한퇴지는 문득 태전선사를 시험해서 불교를 다시 한 번 깎아 내리고 싶은 생각에 그 고을에서 유명한 기생 홍련을 불러 계교를 일러 주었다.

만약 백일 안에 태전선사를 파계시키면 후한 상을 내리겠거니와 실패하는 날에는 죽음을 각오할 것을 약속하였다. 홍련은 자신의 미모나 경력으로 봐서도 자신만만하였다.

다음날 몸매를 더욱 아름답게 꾸미고 험한 산길을 올라 해질녘에야 스님의 암자에 도착하였다. 태전선사를 찾아뵙고 인사를 드린 홍련은 “오래 전부터 큰 스님의 훌륭한 덕을 흠모해 오던 차 이번에 큰스님 시중도 들면서 백일기도를 올리고 싶어 먼 길을 마다 않고 왔습니다. 자비로 거두어 주십시오. 만일 거절 하신다면 소녀는 이 자리에서 목숨을 끊고 말겠습니 다.”

이렇게 하여 깊은 산골 외딴 암자에서 머물게 된 홍련은 일이 성사된 것처럼 마음속으로 기뻐하였다.

다음날부터 건성으로 기도를 하고 태전선사의 시중을 들면서 기회만을 엿보고 있었지만 한 달이 넘어가도 선사는 좌선에만 전념한 채 홍련을 거들떠보지도 않았다.

일이 이쯤 되자 마음이 조급해진 홍련은 온갖 수단 방법을 동원하여 선사를 무너뜨리려 했지만 요지부동이었다.

약속한 날은 하루하루 다가와서 마침내 약속한 백일이 내일로 다가왔으나 뜻을 이루지 못한 홍련은 이미 태전선사의 고매한 인품에 감동되어 자신의 행동

이 얼마나 경망스러운 것이라는 것을 깨닫게 되었다.

그렇지만 자사 한퇴지 와의 약속을 지키지 못했으니 화를 당할 일이 눈앞에 아른거려 약속한 백일이 되는 날 아침 태전선사 앞에 나아가 눈물을 흘리며 "큰스님 어리석은 소녀가 죽을죄를 지었습니다. 조주자사 한대감의 명이 스님을 파계시키고 오라 했습니다. 그러나 이제사 저는 그 일이 얼마나 어리석은 일인가를 깨닫게 되었습니다. 그런데 한 대감님과의 약속한 기일이 백일, 바로 오늘 저는 내려가면 큰 벌을 받아야 합니다. 이 일을 어찌하면 좋겠습니까?" 하고 섧게 울기 시작했다.

흐느껴 우는 홍련을 자애로운 미소를 띠며 지켜보시더니 "너무 염려 말고 이리 가까이 오너라. 조주자사 한대감에게 벌을 받지 않게 해줄 것이다." 하고는 붓에 먹을 묻혀 치맛자락을 펴게 하여 단숨에 글을 써 내려가니

十年을 端坐祝融峰하야
觀色하고 觀空하니
色卽空이라
何如한 一適의 曹溪水인데
肯墮紅蓮의 半葉中허랴

십년을 축융봉에 단정히 앉아서
색을 관하고 공을 관하니
색이 즉 공이라.
어떠한 한 방울의 조계수인데
홍련의 반 잎새 속에 떨어뜨리겠는가!

홍련의 치맛자락에 적힌 시를 본 한퇴지는 그 후 태전선사를 참방하여 선사로 부터 "불교의 어느 경전을 보았습니까?"하는 물음에

"별로 뚜렷하게 본 경전은 없습니다." 하고 대답하자,

선사가 다그치기를 "그러면 그대가 이제까지 불법을 비방함은 무엇 때문인가? 누가 시켜서 하였는가 아니면 스스로 하였는가? 만약 시킴을 받아서 하였다면 주인이 시키는 대로 따라서 하는 개와 다름이 없고 자신이 스스로 하였다면 이렇다 할 경전 읽음도 없이 어떻게 불법을 비방하는가? 알지 못하고 비방한 것이니 스스로를 속이는 일이나 다름없다."하는 꾸짖음과 함께 심오한 가르침을 받아

그 후 한퇴지는 지극한 불자가 되어 마음을 깨치고 불교를 비방하던 그 붓으로 불법을 드날리고 삼보를 찬탄하는 문장을 후세에 남겼다.

(위의 詩의 의미를 잘 음미한다면 이 반야심경의 핵심을 깨치게 될 것이다.)

5) 대감로법문(大甘露法門) : 불조의 의발이라고 한, 이 五蘊을 空하게 하는 법문은 역대에 어느 누구도 이러한 주해를 한 적이 없다. 참으로 감로법문이라 하겠다.

제 7 장

舍利子[1)]是諸法空相

不生不滅 不垢不淨 不增不減

原文解釋

사리자여. 이 모든 사물은 그 성질이 공하여

생겨나지도 않고 없어지지도 않으며, 더럽지도 않고 깨끗하지도 않으며, 늘지도 않고 줄지도 않는다.

觀自在菩薩眞解

이것은 제법(諸法)의 공상(空相)으로 만법(萬法)을 모두 내가 쓰나, 법(法)에 속박(束縛)되지 않는 것이니 자연히 마장(魔障)이 나의 도심(道心)을 가로막지 못하게 된다.

【是諸法之空相으로 萬法을 皆爲我用이나 而不爲法에 所束縛이니 自無魔障이 以阻我之道心也라】

어찌하여 그러한가?

천하(天下)에 무릇 형질(形質)이 있는 것은 모두 생멸(生滅)이 있고, 구정(垢淨)이 있고, 증감(增減)이 있는데, 오직 이 공심(空心)의 법(法)만은 만려(萬慮)가 모두 공(空)하며 한 티끌[一塵]에도 물들지 않으니[不染] 자연히 "불생불멸(不生不滅)"하여 만겁(萬劫)을 장존(長存)하고, 자연히 "불구부정(不垢不淨)"하여 열(涅 : 오염)하나 불치(不緇 : 검지 않음)하고, 자연히 "부증불감(不增不減)"하니 지당하고 알맞다.

【何也오? 天下에 凡有形質者는 皆有生滅하고 皆可垢淨하고 皆可增減인데 惟此空心之法은 萬慮皆空하며 一塵도 不染하니 自然히 不生不滅하여 而萬劫을 長存이고, 自然히 不垢不淨하여 而涅하나 而不緇이고 自然히 不增不減하니 而至當恰好이라】

이러한 까닭에 수행(修行)하는 사람이 다만 그 중궁(中宮)을 비워 색상(色相)이 없게 하면 이른바 "허공(虛空)에서 백(白)이 생기며 길상(吉祥)이 지지(止止 : 머물러 그침)한다."는 것이다.

【是故로 修行者는 但能空其中宮하여 無有色相하면 所謂虛空에서 生白하며 吉祥이 止止라】

頂批

이 관문(關門)[2]을 만약 쳐서, 깨트리지 못하여(不破) 공(空)하지 못하게 되면, 영웅(英雄)이나 재자(才子)라도 모두 허생(虛生 : 허망하게 삶)한 사람이니, 세상에서 어찌 성선(成仙)과 성불(成佛)을 바랄 수가 있겠는가?

【此關을 若打不破하여 看 不空이면 任是英雄이나 才子라도 俱爲虛生이니 世尙望成仙成佛乎오?】

공(空)과 색(色)이라는 두 글자의 풀이를 청직(淸直 : 분명하고 곧게)하게 드러내었으니[透露], 이른바 "보살(菩薩)이 법(法)을 설(說)하면 능히 천화(天花)[3]가 어지러이 떨어지고 완석(頑石 : 잡 돌)도 점두(點頭 : 고개를 끄덕임)한다."는 것이다.

【空과 色이라는 二字解得을 淸直하게 透露하였으니 所謂菩薩이 說法하면 能使天花亂墜하고 頑石에

點頭也라】

수, 상, 행, 식(受想行識)을 누가 이와 같이 풀 수가 있겠는가?

【受想行識을 誰解如此인가?】

말해보라? 보살(菩薩)의 일편파심(一片婆心)이 아니라면 어찌 능히 자자(字字)로 전할 수가 있겠는가?

【道來하라? 非菩薩의 一片婆心이면 何能字字로 傳出也인가?】

用語註釋

1) 사리자(舍利子) : 舍란 性竅이고 利란 性靈이다. 舍利子란 즉 사람마다 본래 갖추어지 生死玄關竅門으로 天이 사람에게 부여해 머물고 있는 竅門이다. 중용의 이른바 "天命을 일러 性이라 한다."는 것이다.

2) 관문(關門) : 五蘊을 空하게 하는 것을 말함.

3) 천화(天花) : 유마경에 天女가 하늘에서 연꽃을 어지러이 날릴 때 가섭의 몸에 붙은 꽃은 떨어지지 않았으나 보살의 옷에는 붙지 않았으며, 선종에서도 부처님께서 꽃을 드시니 가섭만이 미소를 지었다고 하였다.

제 8 장

是故 空中無色
無受想行識 無眼耳鼻舌身意
無色聲香味觸法

原文解釋

그러므로 공 가운데에는 물질도 없고,

느낌과 생각과 의지와 판단도 없으며, 눈과 귀와 코와 혀와 몸과 생각도 없으며,

빛과 소리와 냄새와 맛과 촉감과 생각의 대상도 없다.

그렇게 되면 자연히 색(色)의 고액(苦厄)이 없으니, 어떻게 수상행식(受想行識)의 고액(苦厄)이 있겠는가?

오온(五蘊)이 이미 공(空)하게 되면 안이비설신의(眼耳鼻舌身意)의 육근(六根)과 색성향미촉법(色聲香味觸法)의 육진(六塵)도 자연히 한꺼번에 모두 공(空)하게 된다.

【自無色之苦厄이니 安有受想行識之苦厄인가? 五蘊이 旣空이면 則眼耳鼻舌身意之六根과 色聲香味觸法之六塵도 自然히 一齊皆空이라】

제 9 장

無眼界 乃至 無意識界
無無明 亦無無明盡
乃至 無老死 亦無老死盡

原文解釋

시각의 영역도 없고 의식의 영역까지지도 없으며,
어리석음도 없고 또한 어리석음이 다함도 없으며,
늙고 죽음도 없고 또한 늙고 죽음이 다함까지도 없다.

觀自在菩薩眞解

어찌하여 육근(六根)의 고액(苦厄)중에서, 안계(眼界)가 첫 번째가 되는가? 나의 안계(眼界)가 이미 공(空)했으면, 단지 내조(內照)하는 법신(法身)만이 있을 뿐이고, 외관(外觀)하는 색신(色身)은 없다.

【何也하여 六根之苦厄에서, 以眼界爲先인가? 吾之眼界기 旣空이면 祇有內照之法身이고 而無外觀之色身이라】

즉 만연(萬緣 : 온갖 인연)을 일제(一齊)히 방하(放下 : 놓아 버림)하여, 의식(意識)을 모두 잃어버리면[俱忘] 장차 보는 것이 정정(定靜)으로 인해 불야(不夜)의 신광(神光)이 생(生)하니 자연히 "무무명(無無明 : 무명도 없음)"하고 무무명(無無明) 또한 다 혼화(渾化)하여 다 맑아지게[淨盡] 된다.

【則萬緣을 一齊히 放下하여 而意識을 俱忘하면 將

見이 由定靜으로 而生不夜之神光이니 自然히 無無明하고 且無無明도 皆渾而淨盡也라】

불식(不息)함으로 유구(悠久)한 불후(不朽)를 얻어, 자연히 "무노사(無老死)"하게 되며, 또한 무노사(無老死)하니 잠소(潛消 : 잠복된 것이 소멸함)하여 다 맑아지게[淨盡] 된다.

【由不息으로 而得悠久之不朽하여 自然히 無老死이며 且無老死하니 皆潛消而淨盡也라】

제 10 장

無苦集滅道 無智亦無得
以無所得故 菩提薩陀
依般若波羅密多故 心無罣碍

原文解釋

괴로움, 괴로움의 원인, 괴로움의 없어짐,

괴로움을 없애는 길도 없으며, 지혜도 없고 또한 얻는 것도 없다.

얻을 것이 없는 까닭에 보살은 반야바라밀다를 의지하므로 마음에 걸림이 없다.

또한 "무고집멸도(無苦集滅道)"하니

"고집(苦集)"이란 역겁(歷劫)의 고뇌(苦惱)이며 업집(業集)이다.

"멸도(滅道)"란 고뇌(苦惱)가 모이면[集] 도기(道炁)로 소멸(消滅)하는 것이다.

【且無苦集滅道하니 苦集者는 歷劫之苦惱叢集也라. 滅道者란 苦惱集이면 而道炁로 消滅也라】

공부(功夫)가 여기에 이르면 그 지혜(智慧)가 방출하는 대광명(大光明)이 마치 구슬에 빛[光]이 있는 것과 같으나 구슬은 없고, 거울이 밝게 비추나 거울은 없다.

【工夫가 至此하면 其智慧之放大光明이 如珠之有光이나 而無珠하고 如鏡之朗照이나 而無鏡이라】

고(故)로 "무지(無智)"하며 또한 "무소득(無所得)" 하며, 무소득(無所得)한 고(故)로 "보리살타(菩利薩埵)"는 이 오온(五蘊)을 공(空)하게 하는데 "반야바라밀다(般若波羅密多)"를 의지하여 수지(修持)하니 심(心)이 "무가애(無罣碍 : 가리거나 막힘)"하다.

【故로 無智하며 亦無所得하며 以無所得한 故로 菩提薩埵는 空此五蘊인데 依般若波羅密多하여 以修持하니, 則心이 無罣礙이라】

무엇을 "보리살타(菩利薩?)"라고 하는가?

"타(埵)"란 황정(黃庭)중의 진토(眞土)를 가리키는 것으로, 그 견고(堅固)함이 지극하다.

또한 보리살타(菩利薩埵)란 원래 마가타국(摩伽陀國)에 있는 나무의 본래 이름인데, 그 나무의 모양(形)이 방(方 : 네모 남)하고, 또 매 달 꽃이 피어나는데, 천녀(天女)가 산화(散花 : 꽃을 흩어버림)하는 것에 합하게 되면, 가히 염화미소(拈花微笑)의 뜻이 있다. 고로 불문(佛門)에서는 이 나무를 빌려 대도(大

道)로 비유하였다.

【何謂菩提薩埵오? 埵者란 黃庭中之眞土로 極其堅固也라. 又菩提薩埵란 原係摩伽阿國樹之本名인데 因其樹形이 方하고 而又月月이 開花인데 有合於天女之散花이면 可以得拈花微笑之意이라. 故로 佛門에서는 借此樹하여 以喩大道이라】

제 11 장

無罣碍故 無有空怖
遠離顚倒夢想 究竟涅槃
三世諸佛 依般若波羅密多故
得阿耨多羅三藐三菩提

原文解釋

걸림이 없으므로 두려움이 없어서

뒤바뀐 헛된 생각을 멀리 떠나 마침내 열반에 이른다.

과거, 현재, 미래의 모든 부처님들도 이 반야바라밀

다를 의지하여

위없이 올바른 깨달음을 얻었다.

觀自在菩薩眞解

무릇 보리(菩提)나 보살(菩薩)은 모두 간성(簡省 : 간단하게 깨우침)한 말로서, 보리과(菩提果)를 증명(證明)한 사람은 그 마음에 이미 막힘이 없으니, 자연히 "공포(恐怖)"가 없다.

공포(恐怖)가 없는 사람은 저 질뇌(疾雷 : 강렬한 우뢰)가 산을 깨뜨린다 해도 자신의 마음은 여여부동(如如不動)하다.

【凡言菩提나 菩薩은 皆簡省之語로 證菩提果者는 其心에 旣無罣礙이니 自無恐怖라.無恐怖者는 任他疾雷가 破山해도 而我心은 如如不動也라】

공포(恐怖)가 이미 없으면, 자연히 신혼(神魂)의 전도(顚倒)나 몽침(夢寢 : 잠의 꿈)의 주실(走失 : 몽정)

을 멀리 여의게 되는데, 그 구경(究竟)은 마침내 "불생불사(不生不死)"한 열반(涅槃)으로 돌아가는 것이다.

【恐怖가 旣無이면 自然히 遠離去神魂之顚倒나 夢寐之走失인데 其究竟은 終歸於涅槃之不生不死이라】

단지 보살(菩薩)만 이와 같을 뿐 아니라 곧 삼세(三世)의 모든 불조(佛祖)들도 이 오온(五蘊)을 공(空)하게 하는데 "반야바라밀다(般若波羅密多)"를 수지(修持)하여 의지하였는데, 모두 이것으로 말미암아 삼먁삼보리(三藐三菩提)의 과(果)를 얻으셨다.

【不但菩薩만 如此이며 卽三世之諸佛祖들도 空此五蘊인데 依般若波羅密多를 以修持인데 皆由此로 而得三藐三菩提之果이라】

제 12 장

故知般若波羅密多
是大神呪 是大明呪
是無上呪 是無等等呪
能除一切苦 眞實不虛

原文解釋

그러므로 알아라. 반야바라밀다는

가장 신비한 주문이며, 가장 밝은 주문이며,

가장 높은 주문이며, 어느 것에도 견줄 수 없는 주문이니,

능히 온갖 괴로움을 없애주고, 진실하여 허망하지

않다.

觀自在菩薩眞解

고(故)로 반야바라밀공행(般若波羅密功行)은 진실로 "대신주(大神咒)"이며 "대명주(大明咒)"이며 "무상주(無上咒)"이며 "무등등주(無等等咒)"임을 알아야 한다.

【故로 知般若波羅密之功行은 眞是大神咒이며 大明咒이며 無上咒이며 無等等咒이라】

"신(神)"이란 성스러워[聖] 알 수가 없음을 말한다.

【神者란 聖하여 而不可知也라】

"주(咒)"란 글자의 위에는 두 개의 구(口)가 있고, 아래로는 궤(儿)로 사람을 가리키며, 또 인인(仁人)을 말한다.

【咒者란 上에는 從二口하고 下로는 從儿로 人也이

며, 又仁人也라】

대개 두 사람(二人)이 같은 마음(同心)으로 극기복례(克己復禮)하면, 이로써 인(仁)이 되는 것인데, 그 비밀(秘密)스런 천기(天機)는 확실히 구구상전(口口相傳)이 필요하다.

【蓋二人同心으로 克己復禮하면 以爲仁인데 其秘密스런 天機는 定要口口相傳也라】

"명(明)"이란 일(日)과 월(月)이 가로로 합한 것으로, 진음(眞陰)과 진양(眞陽)이 합(合)하여 하나가 되면 자연히 대 광명(大光明)을 발(發)하여 삼천대천세계(三千大天世界)를 모두 비추는 것이다.

【明者란 日月之橫合으로 蓋眞陰과 眞陽이 合하여 而爲一이면 自然히 能放大光明하여 照盡三千大千世界也라】

"무상(無上)"이란 음양(陰陽)과 오행(五行)과 육기(六氣)에 구속(拘束)되지 않고, 자가(自家)의 조화(造化)를 주장(主張)하는 것을 말한다.

【無上者란 不爲陰陽과 五行과 六氣之所拘束하고 自家主張造化也라】

"무등등(無等等)"이란 비록 군생(群生)을 보도(普度)하여, 고하(高下)나 지우(智愚 : 지혜롭거나 어리석음)의 견(見)은 없으나, 마침내는 범부(凡夫)와 등량(等量 : 양이 같음)한 것은 아니다.

능히 일체(一切)의 고액(苦厄)을 제거하므로 "진실불허(眞實不許)"라고 한다.

【無等等者란 雖普度群生하여 無高下智愚之見이나 究竟에는 非凡夫所可等量也라. 其能除一切苦厄하므로 可謂眞實不虛也라】

제 13 장

故說般若波羅密多呪
卽說呪曰,
揭諦揭諦 波羅揭諦
波羅僧揭諦 菩提薩婆訶

原文解釋

그러므로 반야바라밀다의 주문을 말해주니,
주문은 곧 이러하다.

아제 아제 바라아제
바라승아제 모지사바하

고(故)로 내가 “반야바라밀다주(般若波羅密多咒)”를 설(說)하여 “즉설주왈 아제아제(卽說咒曰 揭諦揭諦)”라고 하였다.

【故로 吾因說般若波羅密多咒하여 卽說咒曰 揭諦, 揭諦이라】

“제(諦)”란 묘제(妙諦)를 가리키는 것으로, 왼쪽에는 언(言)이고 오른쪽에는 제(帝)이다. 이 가운데는 천기(天機)가 있는데, 그것을 말하는 사람은 상제(上帝)의 천율(天律 : 하늘의 규율)이 있어 침묵(默)으로 주재(主宰)해야 하는데, 만일 그 사람이 아니라면 얻어들을 수가 없다.

【諦者란 妙諦也로 左에는 從言이고 右에는 從帝라. 蓋此中에는 天機인데 言之者는 有上帝之天律 默爲主宰인데 苟非其人이면 不可得而聞也라】

"아(揭)"란 현게(顯揭)하여 수진(修眞)하는 사람[士]에게 보이는 것이다.

【揭者란 顯揭하여 以示修眞之士也라】

"바라아제(波羅揭諦)"란 즉 수중(水中)의 금(金)을 채취(採取)하고 현게(顯揭 : 열어서 드러 냄)하여 지음(知音)에게 보이는 것이다.

【波羅揭諦者란 卽採取水中之金하고 而顯揭하여 以示知音也라】

"바라승아제(波羅僧揭諦)"란 승(僧)이 이 오온(五蘊)을 공(空)하게 하여 명심견성(明心見性)한 사람에게 즉 현게(顯揭)하여 구결(口訣)을 보이는 것이다.

예를 들면 벽도광 선사(薜道光禪師)[1)]와 같은 부류(類)이다.

【波羅僧揭諦者란 僧이 有空此五蘊하여 而明心見性者에게 卽顯揭하여 以示口訣也라. 如薛道光禪師之

類是也라】

"보리사바하(菩提薩婆訶)"란 이러한 보리(菩提)의 과(果)를 닦고자 한다면, 비록 오온(五蘊)이 이미 공(空)하였어도 더욱 황파(黃婆)에 의지하여 영아(嬰兒)와 차녀(姹女)를 구인(勾引 : 갈고리로 끌어당김)하여야 비로소 단원(團圓)하게 된다.

【菩提薩婆訶者란 欲修此菩提之果이면 雖五蘊이 已空해도 尤賴黃婆하여 爲之勾引而嬰兒와 姹女하여야 始能團圓也라】

"하(訶)"란 오직 이 일점(一點)의 천기(天機)는 가히 말할 수도 있고,

말할 수 없는 뜻이 있다는 것을 말한다.

【訶者란 惟此一點의 天機는 有可言하고 而不可言之意라】

用語註釋

1) 벽도광 선사(薜道光禪師) : 스님이었으나 후에 선도 남파의 2조가 됨

제 14 장

佛法은 無我相

이로써 유석도(儒釋道)를 진심(眞心)으로 바라여 도(道)를 향하는 사람들은 서둘러 궁리진성(窮理盡性)하고, 정성(精誠)으로 진사(眞師)의 구결(口訣 : 성불할 수 있는 법)을 구(求)하여야, 비로소 성문(聖門)의 심법(心法)을 전수(傳授)받아 이로서 명(命)에 이를 수 있으며, 희성(希聖)과 희천(希天)하고 성선(成仙)과 성불(成佛)할 수가 있다.

【是望儒釋道之眞心하여 向道者는 早爲窮理盡性하

고 誠求眞師의 口訣하여야 始得聖門之傳授心法하여 可以至於命이며 而希聖과 希天하고 成仙과 成佛也라】

나는 본래 자항(慈航 : 자비로운 배)으로 보도(普渡)하고 소리를 찾아[尋聲] 고(苦))를 구하는 자(者)일 뿐이다.

너희들도 오직 오온(五蘊)이 공(空)하기를 구하여, 늘 내관(內觀)하여 이루면 자재보살(自在菩薩)이 될 것이다.

【吾는 本是慈航으로 普渡하고 尋聲하여 以救苦者라. 汝等도 亦惟求其空五蘊하여 常常內觀하여 以成其爲自在菩薩而已】

불법(佛法)은 무아상(無我相)이니 여기에 즉 세존(世尊)과 대사(大士)에게 첩괄체(帖括體)와 훈고체(訓詁體)로 스스로 경(經)의 주석을 마쳤는데, 이른바 "현신(現身)하여 설법(說法)한다."는 것이다.

【佛法은 無我相이니 而茲에 則世尊과 與大士에게 以帖括體와 訓詁體로 自註己經인데 所謂現身說法也라】

불법(佛法)은 문자장(文字障)에 떨어지지 않는 것이니, 여기에, 즉 고불(古佛)의 서(序)를 둔다.

세존(世尊)과 대사(大士)의 존해(存解)는 이른바 "학사신(學士身)으로 나타나 설법(說法)한다"는 것이다.

【佛法은 不落文字障이니 而茲에 則古佛의 有序라. 世尊과 與大士의 存解는 所謂現學士身하여 而說法也라】

이때는 바로 대도(大道)가 현양(顯揚)하는 시기로 삼교(三敎)의 성현(聖賢)이나 선불(仙佛)께서는 사람이 고원(高遠)하며 행하기 어렵다고 보는 것이 걱정이 되어 스스로 타락함을 달갑게 여기신 까닭에 중용(中庸)의 부부(夫婦)가 함께 알고 함께 능한 것으로 사람들에게 보이셨다.

【蓋此時는 乃大道가 顯揚之會로 三敎의 聖賢이나 仙佛께서는 恐人視爲高遠히며 難行하여 自甘墮落인 故로 以中庸之夫婦와 與知하고 與能者로 示人이라】

또한 사상(四相)을 공(空)하게 하고, 육근(六根)을 지키고, 육진(六塵)을 맑게 하고, 오온(五蘊)을 공(空)하게 하는 것에 대하여 하나하나 명백히 해설(解說)하였고, 아울러 출가(出家)라는 두 글자에 대하여 욕(慾)에 있으면서 욕(慾)에서 벗어나고, 티끌에 머물면서 티끌을 벗어나야 한다는 것을 분명하게 보이셨다.

【且將空四相하고 守六根하고 淨六塵하고 空五蘊에 一一明白解說이고 並示明出家라는 二字에 爲在慾出慾하고 居塵出塵이】

사람들에게 선불(仙佛)은 모두 스스로 충효(忠孝)를 힘쓰는데서 일어나고, 성명(性命)은 공과격(功過格)을 따라 얻는 것이 중요함을 알게 하셨다.

【使人知仙佛은 皆自忠孝做起하고 性命은 要功過格으로 得來이라】

광명정대(光明正大)함은 사람마다 스스로 갖추어 있고, 가가(家家)에 전할 수 있다.

【光明正大는 人人마다 自具하고 家家에 可傳이라】

이것은 수보리(須菩提) 조사(祖師)의 이른바 "동토(東土)에 이를 따라 법신(法身)을 두루 한다."는 것이다.

【此須菩提祖師의 所謂東土에 從玆하여 遍法身也라】

삼교(三教)의 학인(學人)은 스스로 심등(心燈)을 이어 주는데 힘써야 하리라. 모든 제자가 발(拔)함이다.

【三教의 學人은 其自勉續心燈哉이라! 諸弟子가 跋함】

頂批

구결(口訣)을 말씀한 가르침이 자자(字字)가 진전(眞傳)이며, 진실로 불조(佛祖)의 의발(衣鉢)이며, 감로(甘露)의 법문(法門)인 것이다.

【言旨口訣이 字字가 眞傳이며 誠佛祖之衣鉢이며 甘露之法門也라】

학자(學者)가 세심(細心)하게 영오(領悟)하여 초범입성(超凡入聖)하기를 구하지 않아서 되겠는가?

【學者가 可不細心領悟하여 以求其超凡入聖哉인가?】

사람이 능히 만연(萬緣)을 방하(放下)하면, 곧 육진(六塵)을 맑힐 수 있고, 육근(六根)을 능히 지킨다면, 이에 희성(希聖)과 희천(希天)하고 성선(成仙)과 성불(成佛)할 수가 있다.

【人이 能萬緣放下하면 則六塵을 可淨이고 六根을 能守하면 斯可以希聖과 希天하고 成仙과 成佛이라】

[자료 1]

觀自在菩薩께서 친히 지으신 心經 傳燈 眞解 원본

註夫心經原與金剛相表裏者也金剛要者總是要空四相守六根淨六塵而六塵未淨六根難守四相難空以五蘊未空故然救苦之心經先教人空五蘊

觀自在菩薩親著心經傳燈眞解

般若波羅密多心經

註般還也若順也般若者返還順行直減之元精元氣元神也在儒謂之克己復禮在道曰七返九還波若海之共波此海一名慾海一名學海波濤洶湧最易溺人然苦海無邊回頭是岸能行般若法過得此海便是神仙則渡中包羅有秘密天机也般若波羅密五字佛祖業已註明吾不必贅而此經於五字下加一多字者何也蓋返還波中之秘密天机其功行宜多非可一二次了事也且人之氣質不齊虧損亦各異實難以數目計吾因以多字括之未增以心經二字者何也蓋人欲行波羅密之功全在己之心君作主經者原係日用常經其經藏於西天之兌宮人欲向西天兌宮取此日用常經非南溟之離火文明無以制伏兌金而取水中之金此吾所以寄居南海以救世人之苦實所以救修行者取經之苦也

觀自在菩薩行深般若波羅密多時照見五蘊皆空度一切苦厄舍利子色不異空空不異色色卽是空空卽是色受想行識亦復如是舍利子是諸法空相不生不滅不垢不淨不增不減是故空中無色無受想行識無眼耳鼻舌身意無色聲香味觸法無眼界乃至無意識界無無明亦無無明盡乃至無老死亦無老死盡無苦集滅道無智亦無得以無所得故菩提薩埵依般若波羅密多故心無罣礙無罣礙故無有恐怖遠離顚倒夢想究竟涅槃三世諸佛依般若波羅密多故得阿耨多羅三藐三菩提故知般若波羅密多是大神咒是大明咒是無上咒是無等等咒能除一切

上海宏大善書局印行

莫向天上尋子時人身自有一陽生

古佛評云慾念一動先天之炁卽散先天炁一散而魂魄不能交媾於黃庭卽分散一次久之而魂魄之散者不能復聚使死矣黃庭者中宮是也是以十六字之心傳必曰允執中中庸曰

苦眞實不虛故說般若波羅密多咒卽說咒曰揭諦揭諦波羅揭諦波羅僧揭諦菩提薩婆訶

揭音妥是無無字音謨揭音鋸 諦音介僧音沙婆音陀訶音鍜

註觀神光內照於黃庭也天之神發於日人之神棲於目故行般若之功必從神光內照下手而性命雙修之功亦不外是此又徹始徹終之功也邵子詩云乾遇巽時觀月窟地逢雷處見天根天根月窟閒來往三十六宮總是春卽此觀字之功也自在卽俗所云快活也自眞我也在有定在也自字何爲眞我自字上從久像眞陽之返還下從目卽所謂常目在之也常目在之便是顧諟天之明命卽本命元神之所在故爲眞我菩薩音齋也行深也行持最深也般若波羅密多時言行持此功最久而得活子時與正子時之眞正天机也多字從二夕卽晦朔之交亥子之際雖屬一夜之中實在兩夕之間此多字之隱語也且修性有性功之子時修命有命功之子時此亦兩夕之意照見五蘊皆空者明德旣明無一毫障蔽也度一切苦厄者內則度已外則可以度人也苦厄卽人心也人心惟危實有性命之憂故謂之苦厄何以有性命之憂蓋性屬人之魂其性易飛揚而難使之沉命屬人之魄其命易下墜而難使之浮人每動一分精慾卽虧一分先天卽丟一次性命久之而性命丟完便死矣苦厄孰大焉若能清心寡慾以道心化其人之又加以神光常常內照便能拘魂軟魄使升者皆降降者皆升則五蘊便空而成其爲自在菩薩豈非度一切苦厄乎何謂五蘊色與受想行識是也人未有不空此五蘊而能度其苦厄也昔有弟子名舍利子專吾已久功行亦深正欲求其度苦厄者吾因呼其名以告之曰五蘊之最難空者其先惟在於色世之好色而不好德者是以色身爲實而不知其終落空亡也夫形色之中原有天性聖人能踐形便能盡性是色之中原有德德與色之分惟在看得空與不空耳能看得空則好色卽好德看得不空祇可謂之好淫並不可謂之好色卒之性命去而色亦不能好良可悲也試思孔聖云關雎樂而不淫又昔賢云國風好色而不淫豈非看得空乎夫淫爲萬惡之首非外面非禮非義之耶淫也卽夫婦居室之間凡交不以時無故而發一慾念皆謂之淫皆犯了首惡

君子而時中踐形踐字而實功有口訣必要窮理盡性者方可得傳而聞知人能萬緣放下一念規中便可成仙成佛耳

古佛原批

外面邪淫此與禽獸無異自有國法誅之冥譴罰之果報顯之何用吾之饒舌昔之所言特為修身之士與稍知禮義者言之度其苦厄耳

此關若打不破看不空任是英雄才子俱為虛生人世尚望成仙成佛乎

空色二字解得清真透露所謂

何以謂之首惡蓋犯淫即不孝也夫孝為百行之原而不孝豈非萬惡之首乎人身四大皆假惟先天之元精元氣元神為真父母全而生之子不能全而歸之尚得謂之孝子乎孟子曰事孰為大事親為大守孰為大守身為大此之謂也蓋守身之道即修身之道能修身便能事親能事親便能事天而希聖希天之道即在其中矣故將色字看得空則為聖為神死而不死看得不空則為邪為鬼生若罔生然此色字最難看得空吾示人以看空之法人當慾念發動時便自思曰此色非真色終落空亡者也吾有一念之欲即虧一分先天而我之性命即墮一分空亡是色不異夫空也且犯萬惡之首有何看得不空且思太空非空真空不空而清虛光明之色歷久不壞萬古長存如是則為真色是空不異夫色也何必好此空亡之色而犯首惡之淫況好色而丟性命終失其色可知色即是空也有空而保性命長享其色可知空即是色也如是則得五蘊中色字之樂而苦厄度且從此而造端夫婦可以超凡入聖是看得空有無窮之受用便得五蘊中受字之樂而苦厄度不然圖暫時之之歡娛便是法界大坑是好色而不能使色為我之受用也且由受用而神完氣足以之生子則獲聰明俊秀之男以之修道則成希聖希天之功入世則子之富貴福澤無窮出世則身之洞天福地常住夫婦之間心心相印長為此歡彼樂是看得空便得五蘊中想字之樂而苦厄度不然妄為相思蓄一念諸慾即損一分精神損一分精神即損一分福澤想字之苦厄可勝言哉由是而夫得內助之賢婦得家主之義不類缺寡之窮民互相行持可以度已可以度人可以度眾生是看得空便得五蘊中行字之樂而苦厄度不然妄為行淫兩敗傷缺其苦厄不但災其身並缺其子孫苦厄孰大馬由是智慧大開窮天地之元微遠陰陽之妙理心中空空洞洞六通四闢不難造到至誠如神是看得空便得五蘊中識字之樂而苦厄度不然尊以後天識神用事肆情縱慾志攝愈昏情心性愈黑暗未死而本命元神已早在地獄中矣其苦厄真無量也故受想行識亦當與色字並看得空有如是者吾因再呼舍利子曰此即佛祖之衣缽吾神之甘露法門也是諸法之空相萬法皆為我用而不為法所束縛自無魔障以阻我之道心也何也天下凡有形質者皆有生滅皆可垢淨皆可增滅惟此空心之法萬慮皆空一塵不染自然不生不滅而萬劫長存自然不垢不淨而涅而不緇自然不增不滅而至當恰好是故脩行者但能空其中宮無有色相所謂虛空生

菩薩說法能使天花亂墜頑石點頭也受想行識雖解如此道來非菩薩一片婆心何能字字傳出也

言音口訣字字真傳誠佛祖之衣鉢甘露之法門也學者可不細心領悟以求其超凡入聖哉人能萬緣放下則六塵可淨六根能守斯可以希聖希天成仙成佛矣

白吉祥止止自無之苦厄安有受想行識之苦厄五蘊既空則眼耳鼻舌身意之六根色聲香味觸法之六塵自然一齊皆空何也六根之苦厄以眼界為先吾之眼界既空祇有內照之法身而無外觀之色身則萬緣一齊放下而意識俱忘將見由定靜而生不夜之神光自然無無明且無無明皆渾化而淨盡也由不息而得悠久之不朽自然無老死且無老死皆潛消而淨盡也且無苦集滅道苦集者歷劫之苦惱叢集也滅道者苦惱集而道乃消滅也功夫至此其智慧之放大光明如珠之有光而無珠如鏡之朗照而無鏡故無智亦無所得以無所得故菩提薩埵空此五蘊依般若波羅密多以脩持則心無罣礙何謂菩提薩埵者黃庭中之真土極其堅固也又菩提薩埵原像摩伽陀國樹之本名因其樹形方而又月月開花有合於天女之散花可以得拈花微笑之意故佛門借此樹以喻大道凡言菩提菩薩皆簡者之語證菩提果者其心既無罣礙自無恐怖無恐怖者任他疾雷破山而我心如如不動也恐怖既無自然遠離夫神魂之顛倒夢寐之走失其究竟終歸於涅槃之不生不死不但菩薩如此即三世之諸佛祖空此五蘊依般若波羅密多以脩持皆由此而得三藐三菩提之果故知般若波羅密之功行真是大神咒大明咒無上咒無等等咒神者聖而不可知也咒者上從二口下從几人也又仁人也蓋二人同心克已復禮以為仁其秘密天机定要口口相傳也明者日月之橫合蓋真陰真陽合而為一自然能放大光明照盡三千大千世界也無上者不為陰陽五行六炁之所拘求自家主張造化也無等等者雖普度群生無高下智愚之見究竟非凡夫所可等量也其能除一切苦厄可謂真實不虛也故吾因說般若波羅密多咒即說咒曰揭諦揭諦諦者妙諦也左從言右從帝蓋此中天机之言之者有上帝之天律默為主宰苟非其人不可得而聞也揭者顯揭以示脩真之士也波羅揭諦者即採取水中之金而顯揭以示知音也波羅僧揭諦者僧有空此五蘊而明心見性者即顯揭以示口訣也如辞道光禪師之類是也菩提薩婆訶者欲修此菩提之果雖五蘊已空尤賴黃婆為之向引而嬰兒姹女始能團圓也訶者惟此一點天机有可言而不可言之意是望儒釋道之真心向道者早為窮理盡性誠求真師口訣始得聖門之傳授心法可以至於命而希聖希天成仙成佛也吾本是慈航普渡尋聲以救苦者汝等亦惟求其空五蘊常常內觀以成其為自在菩薩而已

佛法無我相而茲則　世尊與　大士以帖括體訓詁體自註已經所謂現身說法也佛法不落文字障。而茲則　古佛有度　世尊與　大士存解所謂現學士身而說法也蓋此時乃大道顯揚之會三教聖賢仙佛恐人視為高遠難行自甘墮落故以中庸之夫婦與知與能者示人且將空四相守六根淨六塵空五蘊一一明白解說並示明出家二字為在慾出慾居塵出塵使人知仙佛皆自忠孝做起性命要從功過格得來光明正大人人自具家家可傳此須菩提祖師所謂東土從茲過法身也三教學人其自勉續心燈哉諸弟子跋

[자료 2]

佛祖般若心印經 上卷

피(彼)에서 만불연(萬佛緣)을 열고, 만불연(萬佛緣)을 거둔다. 회심단(悔心壇)을 만불연(萬佛緣)으로 이름을 고친다.

【開萬佛緣於彼　收萬佛緣.　於此悔心壇更名萬佛緣】

이때에 내가 구품연대(九品蓮臺)의 위에 있으니, 보리장로(菩提長老)가 자리에서 일어나 오른쪽 어깨에 옷을 벗어 메고 오른쪽 무릎을 땅에 대고 꿇어앉으며,

나 세존(世尊)에게 말하기를 “만약 선남자(善男子)나 선여인(善女人)이 있어 삼보리심(三菩提心)을 발(發)하면 세존(世尊)께서는 무엇으로 제도하시겠나이

까?"하니,

내가 말하기를 "만약 선남자(善男子)나 선여인(善女人)이 삼보리심(三菩提心)을 발하면 나는 마땅히 바라밀(波羅密)로 제도할 것이다."고 하였다.

【爾時에 吾在九品蓮臺之上하니 菩提長老가 卽從座起하여 偏袒右肩하고 右膝著地하며 跪白於吾世尊하기를 若有善男子나 善女人이 發三菩提心하면 世尊께서는 當何以度오? 吾言若有善男子나 善女人이 發三菩提心하면 吾當以波羅密로 度之이라】

수보리(須菩提)가 말하기를 "만약 선남자(善男子)나 선여인(善女人)이 있어 삼약삼보리심을 발하면 세존(世尊)께서는 무엇으로 제도하시겠나이까?"하니,

내가 말하기를 "만약 선남자나 선여인이 삼먁삼보리심을 발하면 나는 마땅히 반야바라밀(般若波羅密)로 제도할 것이다."고 하였다.

【須菩提白曰 若有善男子나 善女人이 發三藐三菩提心이면 世尊께서는 當何以度오? 吾言若有善男子

나 善女人이 發三藐三菩提心이면 吾當以般若波羅密로 度之이라】

수보리(須菩提)가 말하기를 "만약 선남자나 선여인이 있어 녹다라삼먁삼보리심을 발하면 세존(世尊)께서는 무엇으로 제도하시겠나이까?" 하니,

내가 말하기를 "만약 선남자나 선여인이 있어 녹다라삼먁삼보리심을 발하면 나는 마땅히 인욕바라밀(忍辱波羅密)로 제도할 것이다."고 하였다.

【須菩提曰 若有善男子나 善女人이 發耨多羅三藐三菩提心이면 世尊께서는 當何以度오? 吾言若有善男子나 善女人이 發耨多羅三藐三菩提心이면 吾當以忍辱般若波羅密로 度之이라】

수보리(須菩提)가 말하기를 "만약 선남자나 선여인이 있어 아녹다라삼먁삼보리심을 발하면 세존(世尊)께서는 무엇으로 제도하시겠나이까?"하니

내가 말하기를 "만약 선남자나 선 여인이 아녹다라

삼먁삼보리심을 발하면 나는 마땅히 무인욕반야바라밀(無忍辱般若波羅密)로 제도할 것이다."고 하였다.

【須菩提曰 若有善男子나 善女人이 發阿耨多羅三藐三菩提心이면 世尊께서는 當何以度오? 吾言若有善男子나 善女人이 發阿耨多羅三藐三菩提心이면 吾當以無忍辱般若波羅密로 度之이라】

수보리(須菩提)가 말하기를 "만약 선남자나 선여인이 있어 삼보리공(三菩提功)을 행하면 어떤 과(果)를 증명할 수 있겠습니까?"하니

내가 말하기를 "만약 선남자나 선여인이 있어 삼보리공(三菩提功)을 행하면 마땅히 수다원과(須陀洹果)를 증(證)할 것이다."고 하였다.

【須菩提曰 若有善男子나 善女人이 行三菩提功이면 當證何果오? 吾言若有善男子나 善女人이 行三菩提功이면 當證須陀洹果라】

수보리(須菩提)가 말하기를 "만약 선남자나 선여인이 있어 삼먁삼보리공을 행하면 어떤 과(果)를 증(證)할 수 있겠습니까?"하니,

내가 말하기를 "만약 선남자나 선여인이 있어 삼먁삼보리공을 행하면 마땅히 사다함과(斯陀含果)를 증(證)할 것이다.".

【須菩提曰 若有善男子나 善女人이 行三藐三菩提功이면 當證何果오? 吾言 若有善男子나 善女人이 行三藐三菩提功이면 當證斯陀含果라】

수보리(須菩提)가 말하기를 "만약 선남자나 선여인이 있어 녹다라삼먁삼보리공을 행하면 어떤 과(果)를 증(證)할 수 있겠습니까?"하니,

내가 말하기를 "만약 선남자(善男子)나 선여인(善女人)이 있어 녹다라삼먁삼보제공을 행하면 마땅히 아나함과(阿那含果)를 증(證)할 것이다."고 하였다.

【須菩提曰 若有善男子나 善女人이 行耨多羅三藐三菩提功이면 當證何果오? 吾言하기를 若有善男子

나 善女人이 行耨多羅三藐三菩提功이면 當證阿那含果라】

수보리(須菩提)가 말하기를 "만약 선남자나 선여인이 있어 아뇩다라삼먁삼보리공을 행하면 어떤 과(果)를 증(證)할 수 있겠습니까?"하니,

내가 말하기를 "선남자나 선여인이 있어 아뇩다라삼먁삼보리공을 행하면 마땅히 아라한과(阿羅漢果)를 증(證)할 것이다."고 하였다.

【須菩提曰 若有善男子나 善女人이 行阿耨多羅三藐三菩提功이면 當證何果오? 吾言, 若有善男子나 善女人이 行阿耨多羅三藐三菩提功이면 當證阿羅漢果라】

수보리(須菩提)가 말하기를 "만약 선남자나 선여인이 있어 바라밀공(波羅密功)을 행하면 어떤 과(果)를 증(證)할 수 있겠습니까?"하니,

내가 말하기를 "이와 같다(如是)"고 하였다.

【須菩提曰 若有善男子나 善女人이 行波羅密功이면 當證何果오? 吾言하기를 如是이라】

수보리(須菩提)가 말하기를 "만약 선남자나 선여인이 있어 반야바라밀공을 행하면 어떠한 과(果)를 증(證)할 수 있겠습니까?"하니,

내가 말하기를 "이와 같다(如是)"고 하였다.

【須菩提曰 若有善男子나 善女人이 行般若波羅密功이면 當證何果오? 吾言하기를 如是이라】

수보리(須菩提)가 말하기를 "만약에 선남자나 선여인이 있어 인욕반야바라밀공을 행하면 어떤 과(果)를 증(證)할 수 있겠습니까?"하니,

내가 말하기를 "이와 같다(如是)"고 하였다.

【須菩提曰 若有善男子나 善女人이 行忍辱般若波羅密功이면 當證何果오? 吾言하기를 如是이라】

수보리(須菩提)가 말하기를 "만약 선남자나 선여인이 있어 무인욕반야바라밀을 행하면 어떤 과(果)를 증(證)할 수 있겠습니까?"하니,

내가 말하기를 "이와 같다(如是)"고 하였다.

【須菩提曰 若有善男子나 善女人이 行無忍辱般若波羅密功이면 當證何果오? 吾言하기를 如是이라】

수보리(須菩提)가 말하기를 "만약에 아뇩다라삼먁삼보리와 무인욕반야바라밀공을 행하는 선남자나 선여인을 세존(世尊)께서는 어떻게 제도하시겠나이까?"하니,

내가 말하기를 "나는 제도할 수 없다."고 하겠고,

나는 "제도할 법(法)도 없다."고 말하겠고,

나는 말하기를 "나의 공공(空空)함도 이와 같다."고 말하겠으며,

"내가 무슨 제도할 법(法)이 있겠는가?"

"나의 공공(空空)함은 이와 같아서 나는 제도할 법(法)이 없다."고 하였다.

【須菩提曰 若有行阿耨多羅三藐三菩提와 無忍辱般若波羅密之善男子나 善女人을 世尊께서는 當何以度오? 吾言無度이고, 吾言無法度이고, 吾言하기를 吾空空如也이며 吾何法度오? 吾空空如也로 吾無法度이라】

수보리(須菩提)가 말하기를 "세존(世尊)께서 말씀하신 일합상(一合相)은 즉 말할 수 없다하심은 무슨 까닭인지요?"

내가 말하기를 "하나(一)가 있고, 상(相)이 있고, 합(合)이 있고, 일합상(一合相)이 있으니, 유상(有相)으로 합일(合一)하는 범부(凡夫)에게는 곧 이것을 말할 수 없다."고 하였다.

【須菩提曰 世尊께서 言一合相은 卽是不可說은 何以故오? 吾言有一하고 有相이고 有合이고 有一合相이니 有相으로 合一之凡夫는 卽是不可說이라】

수보리(須菩提)가 말하기를 "세존(世尊)이시여! 미묘(微妙)하여 현통(玄通)합니다. 범부(凡夫)로 유상(有相)한 이는 다 제도(濟度)할 수 없는 것입니까?"하니,

나는 말하기를 "내가 마땅히 무수(無數) 무량(無量) 무변(無邊)한 중생(衆生)을 멸도(滅度)한다고 하였는데 어찌 제도하지 못하겠는가?"라고 하였다.

【須菩提曰 世尊이시여! 微妙하여 玄通이니다. 凡夫로 有相者는 皆不可度이니까? 吾言하기를 我當滅度無數無量無邊中生인데 何不可度하랴?】

수보리(須菩提)가 말하기를 "세존(世尊)이시여! 미묘심심(微妙甚深)합니다. 어떻게 제도하는 것입니까?"하니,

"내가 말하는 제도란 즉 불공(不空)이니, 공(空)이라면 제도할 수 없다. 나의 공(空)은 공(空)함과 같고, 나의 무공(無空)함도 공(空)과 같다. 나는 무공(無空)한 공(空)으로 나의 유공공(有空空)을 제도하고, 나의

유유공공(有有空空)같음을 제도한다."고 하였다.

【須菩提曰 世尊이시여! 微妙甚深이니다. 當何以度오? 吾言한 度란 則不空이니 空이면 則不度이라. 吾空은 空如也오 吾無空도 空如也이라. 吾以無空空如也로, 度吾有空空如也, 吾以有有空空如也度】

수보리(須菩提)가 말하기를 "저는 예로부터 지금에 이르기까지 심심미묘(甚深微妙)함을 듣지 못하였는데, 지금에야 세존(世尊)게서 모든 보살(菩薩)을 잘 호념(護念)하며, 모든 보살(菩薩)을 잘 부촉(咐囑)하신다."라는 이와 같은 심심(甚深)한 경전(經典)의 말씀을 얻어들었습니다.

【須菩提曰 我는 自往昔以來이래 未聞甚深微妙인데 今에 世尊께서 善護念諸菩薩하시며 善咐囑諸菩薩하심을 得聞如是甚深經典이니다】

내가 이 경(經)의 설(說)함을 마치니, 장로(長老)인 수보리(須菩提)와 모든 비구(比丘)와 비구니(比丘尼),

그리고 우바새(幽婆塞), 우바이(幽婆夷) 및 일체의 천인(天人)이나 아수라(阿修羅)가 모두 신심(信心)을 내어 작례(作禮)하며 위요(圍繞)하며 환경(歡慶)하고 수무족도(手舞足跳)하며 용약(勇躍)하면서 물러 가니라.

【我說是經已하니 長老인 須菩提와 及諸比丘와 比丘尼, 幽婆塞와 幽婆夷 및 一切의 天人이나 阿修羅가 皆生信心하여 作禮圍繞하며 歡慶하고 手舞足跳하며 踴躍而退이라】

★ 아난존자(阿難尊者)의 찬(讃 : 기림)

아불(我佛)의 심심(甚深)하고 미묘(微妙)한 법(法)은,
대학(大學)의 도(道)에 명덕(明德)을 밝힘이니,
사람이 능히 도(道)를 알아 명덕(明德)을 밝힌다면,
명덕(明德)한 중에 다시 명덕(明德)하리라.

我佛의 甚深하고 微妙法은
大學之道에 明明德이니
人이 能知道明明德하면
明德之中에 更明德이라.

★ 관음성모(觀音聖母)의 찬(讚)

아불(我佛)의 극락(極樂)은 진극락(眞極樂)이시니,
천명의 성(天命之性)을 남김없이 다 말하였네.
사람이 능히 도(道)를 알아 천명(天命)을 다스린다면,
극락(極樂)한 중에 극락(極樂)에 오르리라.

我佛이 極樂은 眞極樂이시니
天命之性을 悉悉說이라.
人이 能知道하여 天命理하면,
極樂之中에 登極樂이라.

불설(佛說)에 의하면

상선인(上善人)은 인자심(仁慈心)을 장양(長養)하여 득실심(得失心)을 없애고, 중선인(中善人)은 공경심(恭敬心)을 장양(長養)하여 편벽심(偏僻心)을 없애고, 하선인(下善人)은 화평심(和平心)을 장양(長養)하여 강조심(剛躁心)을 없애야 하리라.

【上善人은 長養仁慈心하여 去得失心하고, 中善人은 長養恭敬心하여 去偏僻心하고, 下善人은 長養和平心하여 去剛躁心이라】

상선인(上善人)이 오래 실천하여 게으르지 않으면, 내가 상승(上乘)의 도(道)로 전도(傳渡)하리라.

【上善人이 久行不倦이면 吾以上乘之道로 傳渡라】

중선인(中善人)이 오래 실천하여 게으르지 않으면, 내가 중승(中乘)의 도(道)로 전도(傳渡)하리라.

【中善人이 久行不倦이면 吾以中乘之道로 傳渡

라】

하선인(下善人)이 오래 실천하여 게으르지 않으면, 내가 하승(下乘)의 도(道)로 전도(傳渡)하리라.

【下善人이 久行不倦이면 吾以下乘之道로 傳渡라】

상선인(上善人)으로 행공(行功)할 수 없는 사람은, 내가 상승(上乘)의 신단(神丹)으로 점화(點化)하리라.

【上善人으로 不能行功者는 吾當以上品神丹으로 點化이라】

중선인(中善人)으로 행공(行功)할 수 없는 사람은, 내가 중승(中乘)의 신단(神丹)으로 점화(點化)하리라.

【中善人으로 不能行功者는 吾當以中品神丹으로 點化이라】

하선인(下善人)으로 행공(行功)할 수 없는 사람은, 내가 하승(下乘)의 신단(神丹)으로 점화(點化)하리라.

【下善人으로 不能行功者는 吾當以下品神丹으로 點化이라】

공(功)과 과(過), 이 두 가지가 고른[兩平] 남녀중생(男女衆生)등도, 또한 내가 서방정토(西方淨土)의 만불연(萬佛緣) 중에 나게 하리라.

【卽功과 過가 兩平之男女衆生등도 亦得生吾西方淨土의 萬佛緣中이라】

능히 나의 이 경(經) 및 대승금강경(大乘金剛經)과 태상도덕경(太上道德經) 그리고 지성효경(至聖孝經)을 전(傳)하는 사람은, 중생(衆生)으로 공(功)이 삼년(三載)이 차면 마땅히 중승과(中乘果)를 증(證)할 것이고, 공(功)이 구재(九載)가 차면 마땅히 상승과(上乘果)를 증(證)할 것이고, 공(功)이 십이년(十二載)이 차면 마땅히 상상승과(上上乘果)를 증(證)할 것이다.

내가 만약 너희 중생(衆生)들을 저버린다면 나는 영원히 정기신(精氣神)을 멸(滅)할 것이다.

【有能傳吾是經및 及大乘金剛經과 太上道德經, 그리고 至聖孝經者는 衆生으로 功滿三載하면 當證中乘果이고 功滿九載하면 當證上乘果이고 功滿十二載하면 當證上上乘果이라.吾若負爾衆生이면 吾當永滅精氣神矣라】

佛祖心印經 卷上 終

[자료 3]

佛祖般若心印經 下卷

수보리야 네 뜻이 어떠하냐?

네가 말한 선남자(善男子)와 선여인(善女人)을, 나 또한 선남자, 선여인이라 말하는데 어찌하여 선남자 선 여인이라 하는가?

【須菩提야 於意云何오? 如汝所說한 善男子와 善女人을 吾亦日 善男子, 善女人인데 云何善男子, 善女人인가?】

수보리가 아뢰어 말하기를 "선남자(善男子)나 선여인(善女人)이란 잘 사람의 미(美)를 이루고, 잘 사람의 도(渡)를 보호하여, 옳은 도(道)면 곧 나아가고, 도(道)가 아니면 곧 물러납니다. 삿된 길[邪徑]을 밟지 않고 암실(暗室)이라고 속이지 않고, 덕(德)과 공(功)을 쌓고, 만물(萬物)에 자심(慈心)으로 대하고, 충효(忠孝)하며 우제(友弟)하고 정기(正己)하여 화인(化人)하며, 외로운 이를 불쌍히 여기고, 늙은이를 공경하고, 가난한 이를 불쌍히 여기며, 곤충(昆蟲)이나 초목(草木)이 상(傷)하는 것을 더욱 참지 못하고, 때때로 분(分)에 따라 도(道)를 다하고 각각(刻刻)으로 허물을 참회하며 자신을 새로이 하고, 모든 악(惡)을 짓지 않으며 뭇 선(善)을 받들어 행하며, 능히 발용(發用)하는 성(性)을 기릅니다. 그런 까닭에 그것을 선남자 선여인이라 말하는 것입니다." 세존이시여!

【須菩提白曰 善男子나 善女人이란 善成人之美하고 善護人之道하여 是道면 則進하고 非道면 則退이라. 不履邪經하고 不欺暗室하고, 積德累功하고 慈心於物하고 忠孝友弟하고 正己化人하며 矜孤恤寡하고 敬老憐貧하며 昆虫草木이 尤不忍傷하고 時時로 隨分盡道하고 刻刻으로 悔過自新하고 諸惡不作하며 衆善奉行하며 能養發用之性也라.故로 謂之善男子나 善女

人이니다. 世尊이시여!】

수보리야! "네 뜻이 어떠하냐? 네가 삼보리(三菩提)를 말하였는데, 무엇을 삼보리(三菩提)라 하는가?"

수보리(須菩提)가 아뢰어 말하기를 "삼보리(三菩提)란 정각(正覺)이요, 명덕(明德)이요, 성(性)이요, 본체(本體)의 성(性)입니다. 그런 까닭에 그것을 삼보리(三菩提)라 말합니다." 세존이시여!

【須菩提야! 於意云何오? 如汝所說三菩提인데 何云三菩提아? 須菩提白曰 三菩提란 正覺也오, 明德也오, 性也오, 本體之性也이니다, 故로 謂之三菩提이니다. 世尊이시여!】

수보리야? 네 뜻이 어떠하냐?

네가 삼먁삼보리(三藐三菩提)를 말하였는데, 무엇을 삼먁삼보리(三藐三菩提)라 하는가?

수보리(須菩提)가 사뢰어 말하기를 "삼먁삼보리란 정등(正等)이요, 도(道), 명도(命道)입니다. 그런 까닭에 그것을 삼먁삼보리라 말합니다." 세존이시여!

【須菩提야? 於意云何오? 如汝所說三藐三菩提인데 何云三藐三菩提인가? 須菩提白曰 三藐三菩提란 正等也오, 道也오, 命道也이니다, 故로 謂之三藐三菩提이니다. 世尊이시여!】

수보리야! 네 뜻이 어떠하냐?

네가 뇩다라삼먁삼보리를 말하였는데, 무엇을 뇩다라삼먁삼보리라 하는가?

수보리(須菩提)가 사뢰어 말하기를 "뇩다라삼먁삼보리란 상(上)이요, 달도(達道)입니다. 그런 까닭에 그것을 뇩다라삼먁삼보리라 말합니다." 세존이시여!

【須菩提야! 於意云何오? 如汝所說耨多羅三藐三菩提인데 何云耨多羅三藐三菩提인가? 須菩提白曰 耨多羅三藐三菩提란 上也오. 達道也이니다. 故로 謂之耨多羅三藐三菩提이니다. 世尊이시여!】

수보리야 네 뜻이 어떠하냐?

네가 아뇩다라삼먁삼보리를 말하였는데, 무엇을 아뇩다라삼먁삼보리라 하는가?

수보리(須菩提)가 사뢰어 말하기를 "아뇩다라삼먁삼보리란 무(無)요, 지도(至道)입니다. 그런 까닭에 그것을 아뇩다라삼먁삼보리라 말합니다." 세존이시여!

【須菩提야! 於意云何오? 如汝所說阿耨多羅三藐三菩提인데 何云阿耨多羅三藐三菩提인가? 須菩提白曰 阿耨多羅三藐三菩提란 無也오. 至道也이니다. 故로 謂之阿耨多羅三藐三菩提이니다. 世尊이시여!】

수보리야 네 뜻이 어떠하냐?

내가 바라밀(波羅密)을 말하였는데 무엇을 바라밀이라 하는가?

수보리가 사뢰어 말하기를 "바라밀(波羅密)이란 건(乾)의 원형(元亨)이요, 성(性)이요, 발원(發源)한 성(性)이요, 또한 명(命)이요, 후천(後天)의 명(命)이니, 이것은 축기(築基)의 공(功)입니다.

그런 까닭에 그것을 바라밀(波羅密)이라 말합니다. 세존이시여!

【須菩提야! 於意云何오? 如吾所說波羅密인데 何云波羅密인가? 須菩提白日 波羅密이란 乾의 元亨也오. 性也오, 發源之性也오. 亦命也오. 後天之命也니 此築基之功也이니다. 故로 謂之波羅密이니다. 世尊이시여!】

수보리야 네 뜻이 어떠하냐?

내가 반야바라밀(般若波羅密)을 말하였는데, 무엇을 반야바라밀이라 하는가?

수보리가 사뢰어 말하기를 "반야바라밀이란 곤(坤)의 원형(元亨)이요, 명(命)이요, 진명(眞命)이요, 선천(先天)의 명(命)이요, 오천사십팔(五千四十八)에 다시 돌아오는 일양(一陽)이요, 반(般)은 운(運)이요, 약(若)은 여(汝)이요, 바라밀(波羅密)은 진양(眞陽)의 경상(景象)이니다. 반야바라밀(般若波羅密)로 즉 도안(道岸)에 오름을 얻게 되는 것이요, 여(汝)는 피(彼)

요, 피(彼)는 진양(眞陽)이요, 진양정도(眞陽正道)입니다."

【須菩提야! 於意云何오? 如吾所說般若波羅密인데 何云般若波羅密인가? 須菩提白曰 般若波羅密이란 坤의 元亨也오, 命也오, 眞命也오, 先天之命也오. 五千四八에 來復之一陽也오. 般 運也오. 若은, 汝也오, 波羅密은 眞陽之景象也이니다. 般若波羅密로 卽得登道岸也오.汝는 彼也오, 彼는 眞陽也오. 眞陽은 正道也이니다】

진양(眞陽)을 얻고자 한다면, 대자비(大慈悲), 대지혜(大智慧), 대충효(大忠孝), 대복덕(大福德)이 아니면 즉 얻을 수 없다.

진양(眞陽)을 얻지 못하고서 무엇으로 영아(嬰兒)를 맺으며, 영아(嬰兒)를 맺지 못하고 무엇으로 성태(聖胎)를 응(凝 : 엉김)할 수 있으며, 성태(聖胎)를 응(凝)하지 못하고, 어떻게 도안(道岸)으로 오를 수 있겠는가?

【欲得眞陽이면 非大慈悲, 大智慧, 大忠孝, 大福德이면 則不得也이라. 不得眞陽이면 何以結嬰兒이며, 不結嬰兒하고 何以凝聖胎이며, 不凝聖胎하고 何以登道岸也인가?】

도(道)를 받드는 사(士)는 먼저 지혜(智慧)로서 피(彼)의 안(岸)에 이르러야 비로소 도(道)의 안(岸)에 오름을 얻게 된다.

이것이 득약(得藥)하여 결단(結丹)하는 공(功)이다. 고(故)로 그것을 반야바라밀(般若波羅密)이라고 말합니다. 세존이시여!

【奉道之士는 先要智慧로서 到彼之岸해야 方得登道之岸也라. 此得藥結丹之功也라, 故로 謂之般若波羅密이니다. 世尊이시여!】

수보리야? 네 뜻이 어떠하냐?

내가 인욕반야바라밀(忍辱般若波羅密)을 말하였는데, 무엇을 인욕반야바라밀이라 말하는가?

수보리가 사뢰어 말하기를 "인욕반야바라밀이란 명(命)을 복(復 : 돌아옴)하는 것이요, 성(性)을 복(復)하는 것으로, 오히려 날짜를 기다리고, 때를 살펴서 위험을 생각하여 방비하며, 일야(日夜)에 은근(慇勤)하여 조금이라도 어긋남이 없게 하는 것이 중요합니다.

피(彼)의 대바라밀(大波羅密)이 한번 이르는 것을 기다려서 오룡봉성(五龍捧聖)의 비밀[秘]을 써서, 반야(般若)의 대바라밀(大波羅密)을 곤륜(崑崙)에 오르게 하고, 작교(鵲橋)를 지나 중루(重樓)로 내려와 강궁(絳宮)에 들어가 성태(聖胎)를 응(凝)하는 것이니, 이것이 련기(煉己)하여 대환(大還)하는 공(功)입니다. 고(故)로 그것을 인욕반야바라밀(忍辱般若波羅密)이라 말합니다. 세존이시여!

【須菩提야! 於意云何오? 如吾所說忍辱般若波羅密인데 何云忍辱般若波羅密인가? 須菩提白曰 忍辱般若波羅密이란 復命이요 復性也로 仍要待日審時하여 防危慮險하며 日夜에 殷勤하여 無差毫髮이니다. 候彼之大波羅密一至하여 用以五龍捧聖之訣하고 般

若之大波羅密을 上崑崙하고 過鵲橋하여 下重樓하여 入絳宮하여 以凝聖胎이니 此煉己하여 大還之功也이니다. 故로 謂之忍辱般若波羅密이니다. 世尊이시여!】

수보리야? 네 뜻이 어떠하냐?

내가 무인욕반야바라밀(無忍辱般若波羅密)을 말하였는데 무엇을 무인욕반야바라밀이라 말하는가?

수보리가 사뢰어 말하기를 "무인욕반야바라밀이란 신선(神仙)이 다시 신선(神仙)을 짓는 것이요, 천명(天命)의 성(性)이요, 성(性)중에서 명(命)을 얻는 것이요, 본래면목(本來面目)이요, 장육금신(丈六金身)이요, 명(命)이 성(性)으로 돌아오며 성(性)이 명(命)으로 돌아오는 것으로, 천지(天地)로 정로(鼎爐)를 삼는 것이요, 비록 느낌[感]은 사람에게 있으나 그 주심은 하늘에 있습이니다.

인원(人元)의 현주(玄珠)가 아니고 이는 천원(天元)의 현주(玄珠)로 실제로는 원시(元始)의 사리(舍利)

입니다. 이것은 온양(溫養)하며 탈태(脫胎)하여 현주(玄珠)를 얻는 공(功)입니다. 고(故)로 그것을 무인욕반야바라밀이라 말합니다. 세존이시여!

【須菩提야! 於意云何오? 如吾所說無忍辱般若波羅密인데 何云無忍辱般若波羅密인가? 須菩提白曰 無忍辱般若波羅密이란 神仙이 復做神仙也오, 天命之性也오, 性中得命也오, 本來面目也오, 丈六金身也오, 命이 復性하며 性이 復命也로 以天地爲鼎爐也요, 雖感在人이나 其賜는 在天이니다. 非人元之玄珠也고, 乃天元之玄珠로 實元始之舍利也이니다. 此溫養하며 脫胎하여 得玄珠之功也이니다. 故로 謂之無忍辱般若波羅密이니다. 世尊이시여!】

수보리야? 네 뜻이 어떠하냐?

내가 말한바 있는 수다원(須陀洹)은 왜 수다원이라 불렀는가?

수보리가 사뢰어 말하기를 "수다원이란 인선(人仙)입니다. 고(故)로 수다원이라 부릅니다. 세존이시여!

【須菩提야! 於意云何오? 如吾所云須陀洹은 何名須陀洹인가? 須菩提白曰 須陀洹이란 人仙也이니다. 故로 名須陀洹이니다. 世尊이시여!】

수보리야? 네 뜻이 어떠하냐?

내가 말한바 있는 사다함(斯陀含)은 왜 사다함이라 불렀는가?

수보리가 사뢰어 말하기를 "사다함이란 지선(地仙)입니다.

고(故)로 사다함이라 부릅니다." 세존이시여!

【須菩提야! 於意云何오? 如吾所云斯陀含은 何名斯陀含인가? 須菩提白曰 斯陀含이란 地仙也이니다. 故로 名斯陀含이니다. 世尊이시여!】

수보리야? 네 뜻이 어떠하냐?

내가 말한바 있는 아나함(阿那含)은 왜 아나함이라 불렀는가?

수보리가 사뢰어 말하기를 "아나함이란 신선(神仙)입니다.

고(故)로 아나함이라 부릅니다." 세존이시여!

【須菩提야! 於意云何오? 如吾所云阿那含은 何名阿那含인가? 須菩提白曰 阿那含이란 神仙也이니다. 故로 名阿那含이니다. 世尊이시여!】

수보리야? 네 뜻이 어떠하냐?

내가 말한바 있는 아라한(阿羅漢)은 왜 아라한이라 불렀는가?

수보리가 말하기를 "아라한(阿羅漢)은 천선(天仙)입니다. 고(故)로 아라한이라 부릅니다." 세존이시여!

【須菩提야! 於意云何오? 如吾所云阿羅漢은 何名阿羅漢인가? 須菩提白曰 阿羅漢은 天仙也오, 故로 謂之阿羅漢이니다. 世尊이시여!】

수보리야? 네 뜻이 어떠하냐?

내가 말한바 도(度)함 받은 것도 없고, 나 또한 도

(度)한 것이 없으며, 나는 공공(空空)할 따름이니, 나는 무슨 법(法)으로 도(度)하며, 어째서 공공(空空)할 따름이라 말하였는가?

【須菩提야! 於意云何오? 如吾所說無度하고 吾無也度이며 吾空空如也이니 吾何法度하며 何云空空如也인가?】

수보리가 사뢰어 말하기를 "공공(空空)할 따름이란, 그 공(空)을 공(空)한 것이요, 그 망(忘)을 망(忘)하는 것으로, 허공(虛空)을 분쇄(粉碎)함이 이것이요, 백척간두(百尺竿頭)에 다시 진보(進步)함이 이것이요, 허공(虛空)의 성명(性命)이 이것이요, 불지지(佛智地)가 이것이요, 대도(大道)가 이것입니다. 고(故)로 그것을 공공(空空)과 같다고 말합니다." 세존이시여!

【須菩提白曰 空空如也란 空其空也오 忘其忘也로 粉碎虛空是也오, 百尺杆頭에 重進步是也오, 虛空之性命이 是也오, 佛智地가 是也오, 大道가 是也이니다, 故로 謂之空空如也이니다. 世尊이시여!】

수보리야? 네 뜻이 어떠하냐?

내가 일합상(一合相)을 말한바 있는데, 유상(有相)으로 합일(合一)하는 범부(凡夫)에게는 즉 설(說)하면 안 된다고 하였는데 어째서 안 된다고 말한 것인가?

수보리가 사뢰어 말하기를 "말할 수 없다함은 일(一)은 태극(太極)이요, 상(相)은 양의(兩儀)입니다. 양의(兩儀)를 합하고자 하면, 반드시 태극(太極)의 일(一)을 취(取)해야 합니다. 태극(太極)의 일(一)을 취하고자 하면, 반드시 양의(兩儀)의 상(相)을 합해야 합니다."

【須菩提야! 於意云何오? 如吾所說有一合相인데 有相으로 合一之凡夫는 卽是不可說인데 何云不可說인가? 須菩提白日 不可說이란 一은 太極也오.相은 兩儀也이니다.欲合兩儀이면 必取太極之一也이니다. 欲取太極之一이면 必合兩儀之相也이니다】

"일(一)이란 일(一)로, 그 일(一)을 얻으면 만사(萬事)를 다 마칠 수 있습니다.

하늘도 일(一)을 얻어서 맑고, 땅도 일(一)을 얻어서 녕(寧)하고, 도(道)도 일(一)을 얻어서 생생화화(生生化化)하면서 쉬지 않는 것입니다."

【一者란 一也로 得其一이면 而萬事畢也라.天도 得一以淸하고, 地도 得一以寧하고, 道도 得一以生生化化不息也이니다】

다만 하나(一)를 구하는 데는 하나(一)를 잊어야 합니다.

만약 하나(一)에 착(着)하면서 하나(一)를 구하게 되면 하나(一)를 얻을 수 없습니다.

【但求一인덴 須忘一이라. 若著一하면서 以求一이면 則不得一也이니다】

"상(相)을 합하는 데는 모름지기 상(相)을 잊어야 합니다. 만약 상(相)에 집착하여 상(相)에 합한다면 오히려 상(相)을 잊게 됩니다. 고(故)로 그것을 일합상(一合相)에 있어 유상(有相)으로 합일(合一)하는 범부(凡夫)이니, 곧 말하면 안 된다. 고 한 것입니다."
세존이시여!

【合相에는 須忘相이니다. 若著相하여 以合相이면 則反失相也이니다.故로 謂之有一合相에 有相으로 合一之凡夫이니 卽是不可說이니다. 世尊이시여!】

수보리야? 네 뜻이 어떠하냐?

내가 말한바 같이 상선(上善), 중선(中善), 하선(下善)이 오래 행하여 게으르지 않으면 내가 상승(上乘), 중승(中乘), 하승(下乘)의 도(道)로 전도(傳渡)한다고 하였는데, 무엇을 상승(上乘), 중승(中乘), 하승(下乘)이라 말하는 것인가?

【須菩提야! 於意云何오? 如吾所言上善, 中善, 下善이 久行하여 不倦이면 吾以上乘, 中乘, 下乘之道로 傳渡인데 何云上乘,中乘, 下乘之道인가?】

수보리가 사뢰어 말하기를 "상승(上乘)과 중승(中乘)과 하승(下乘)의 도(道)란, 즉 련신환허(煉神還虛)와 련기화신(煉氣化神) 그리고 련정화기(煉精化氣)의 천선(天仙)과 신선(神仙)과 지선(地仙)입니다. 고(故)로 그것을 상승(上乘), 중승(中乘), 하승(下乘)의 도(道)라 말합니다. 세존이시여!

【須菩提白曰 上乘과 中乘과 下乘之道란 卽煉神還虛와 煉氣化神 그리고 煉精化氣之天仙과 神仙과 地仙也이니다. 故로 謂之上乘, 中乘, 下乘之道이니다. 世尊이시여!】

수보리야? 네 뜻이 어떠하냐?

내가 말한바 같이, 상선(上善), 중선(中善), 하선(下善)이 행공(行功)을 할 수 없는 사람에게는, 내가 상승(上乘), 중승(中乘), 하승(下乘)의 신단(神丹)으로 점화(點化)한다고 하였는데, 무엇을 상승(上乘), 중승(中乘), 하승(下乘)의 신단(神丹)이라 말하는가?

【須菩提야! 於意云何오? 如吾所說같이 上善, 中

善, 下善이 有不能行功者는 吾以上乘, 中乘, 下乘의 神丹으로 點化인데 何云上乘, 中乘, 下乘의 神丹인가?】

수보리가 사뢰어 말하기를 "상승(上乘), 중승(中乘), 하승(下乘)의 신단(神丹)으로 점화(點化)하게 되면 가히 신선(神仙), 지선(地仙), 인선(人仙)을 이룰 수 있습니다. 고(故)로 수보리(須菩提)에게 착하고 착하구나! 수보리야! 라고 말씀하신 것입니다. 세존이시여!

【須菩提白曰 上乘, 中乘, 下乘의 神丹으로 點化하면 可成神仙, 地仙, 人仙이니다. 故로 謂之須菩提에게 善哉善哉이니다. 世尊이시여!】

수보리야? 네 뜻이 어떠하냐?

내가 말한바 공(功)과 과(過), 이 두 가지가 평(平)한 중생(衆生)에게는, 또한 내가 서방정토(西方淨土)에 태어나게 한다고 하였는데, 무엇을 내가 서방정토

(西方淨土)에 태어나게 한다고 말한 것인가?

수보리가 사뢰어 말하기를 “내가 서방정토에 태어나게 한다는 것은 즉 귀선(鬼仙)의 전생(轉生)입니다. 고(故)로 그것을 내가 서방정토에 태어나게 한다고 말씀한 것입니다. 세존이시여!

【須菩提야! 於意云何오? 如吾所說한바 功過가 兩平之衆生에게는 亦得生吾西方淨土인데 何云生吾西方淨土인가? 須菩提白曰 生吾西方淨土는 卽鬼仙之轉生也이니다. 故로 謂之生吾西方淨土이니다. 世尊이시여!】

수보리야? 네 뜻이 어떠하냐?

내가 말한바, 만약 선남자(善男子)나 선 여인(善女人)이 있어 나의 이 경(經)을 전하는 사람은, 공(功)이 삼재(三載)가 차면 마땅히 중승(中乘)을 증(證)하고, 공(功)이 구재(九載)가 차면 마땅히 상승(上乘)을 증(證)하고, 공(功)이 십이재(十二載)가 차면 마땅히 상상승(上上乘)의 과(果)를 증(證)한다고 하였는데, 무엇을 중승(中乘), 상승(上乘), 상상승(上上乘)이라 말하는 것인가?

【須菩提야! 於意云何오? 如吾所說한바 若有善男子나 善女人하여 傳吾是經者는 功滿三載하면 當證中乘하고 功滿九載하면 當證上乘이고 功滿十二載하면 當證上上乘果인데 何云中乘, 上乘, 上上乘果인가?】

수보리가 사뢰어 말하기를 "이것은 외공(外功)의 신선(神仙), 지선(地仙), 인선(人仙)이지, 내공(內功)의 금선(金仙), 신선(神仙), 지선(地仙)은 아닙니다. 세존이시여!

비록 신선(神仙)이라 말하나 실제로는 선(仙)이 아니고, 또한 겨우 신(神)일 따름입니다. 다시 전세(轉世)하여 출가(出家)함이 필요하며, 다시 수련(修煉)을 빌려 내공(內功)에 정진(精進)하여 금단(金丹)의 가르침을 얻어야 비로소 만겁(萬劫)에도 부서지지 않는 금신(金身)을 얻게 됩니다.

상승(上乘), 중승(中乘), 하승(下乘)의 신단(神丹)으로 점화하여 이끌 것이라.

【須菩提白曰 此는 外功之神仙, 地仙, 人仙也이지 非內功之金仙, 神仙, 地仙也이니다. 世尊이시여! 雖曰 神仙이나 其實非仙이고 亦僅神耳이니다. 還要轉世하여 再出이며 再假修煉하여 精進內功하여 得以金丹之指하여야 方成萬劫不壞之金身也이니다.上乘, 中乘, 下乘의 神丹으로 點提之白也라】

후세(後世)에 선남자(善男子)나 선 여인(善女人)이 나의 이 경(經)을 얻은 사람은 반야(半夜)에 연등(然燈)을 천잔(千盞 : 천개의 등잔)이나, 중추(中秋) 호월(晧月)의 일륜(一輪)함과 같아 료료(了了)하지 않음이 없을 것이다.

【後世之善男子나 善女人이 得吾是經者는 如半夜然燈千盞이나 中秋晧月의 一輪하여 無不了了也이라】

★ 제불(諸佛)의 찬(讚)

南無大慈大悲滅度無數無量無邊衆生 阿彌陀佛

여래(如來)의 훌륭하신 물음은 잘 인도하심 같고,
보리(菩提)의 훌륭한 사룀, 잘 말함과 같네.
잘 인도하심과 잘 말함의 참된 현묘(玄妙)함으로,
현묘(玄妙)함을 꿰뚫어 아니, 불(佛)과 인연 있음이네.

如來의 善問은 似善誘하고,
菩提의 善白은 似善言이네.
善誘와 善白의 眞玄妙로,
識透玄妙하니 佛과 有緣이네.

佛祖心印經 卷下 終

[자료 4]

文昌帝君의 戒淫寶訓

얼해(孼海 : 욕망의 바다)가 망망(茫茫)한데, 첫 번째 악[首惡]은 색욕(色慾)만한 게 없다. 진환(塵寰 : 속세)은 요요(擾擾 : 어지러움)하니, 범하기 쉬움은 오직 사음(邪淫)에 있음이라.

【孼海가 茫茫한데 首惡은 無非色慾이라. 塵寰은 擾擾하니 易犯은 唯有淫邪이라】

발산(拔山 : 산을 뽑음)하고 개세(蓋世 : 세상을 압도함)한 영웅(英雄)도 이 때문에 망신(亡身)하며 상국(喪國 : 나라를 잃음)이라.

【拔山하고 蓋世之雄도 坐此亡身하며 喪國이라】

수구금심(繡口錦心 : 文才와 재능이 뛰어 남)한 사람(士)도 이로 인해 절개와 명예가 깨지는 것이라.

【繡口錦心之士도 因玆敗節隳名이라】

처음 한 생각의 실수로 그러하나, 마침내 생명이 마칠 때에 이르기까지 벗어나지 못한다.

【始爲一念之差이나 遂至畢生까지 莫贖이라】

왜 그러한가?

이는 음풍(淫風)이 날마다 치성하기 때문이다. 천리(天理)가 쇠하여 없어지니 마땅히 슬퍼하며 한스러워 해야 하는데도, 오히려 득계(得計 : 꾀하여 얻음)하려고만 한다.

많은 사람이 화를 내고 많은 사람이 천(賤)하게 여기는 일을 뻔뻔스럽게도 수치로 여기지 않는다.

【何오 乃淫風이 日熾이라. 天理가 淪亡이니 以當悲하며 當憾之行인데도 反爲得計이라. 而衆怒하고 衆

賤之事를 恬不知羞이라】

음사(淫詞 : 음란한 말)를 새기고 려색(麗色 : 색시함)을 이야기하며, 눈은 길옆의 교자(嬌姿 : 요염한 모습)에서 떼지 않고, 발(簾)가운데의 요조(窈窕 : 얌전하고 고움)에게 애간장이 타고 있다.

【刊淫詞하고 談麗色하며 目은 注道左嬌姿하고 腸斷簾中窈窕라】

혹 정절(貞節)을 지키거나, 혹 숙덕(淑德 : 정숙한 덕)하면 공경하고 칭찬해야 하거늘 계책을 써서 유혹하여 온전한 행(行)을 못하게 한다.

【若貞節하거나 或淑德하면 可敬하고 可嘉거늘, 乃計誘하여 而使無完行이라】

만약 자기의 처(妻)나 자식[子]일 것 같으면 마땅히 어여삐 여기고 불쌍히 여겨야 하거늘 마침내 형편이 절박하면 마침내 죽을 때 까지 잘못에 이르게 한다.

【若坤女나 若僕妾이면 宜憐하고 宜憫커늘 竟勢迫하면 而玷辱終身이라】

이미 친족(親族)으로 치욕을 품게 하고 더욱이 자손(子孫)에게 더러움을 입게 한다.

【旣令親族으로 含羞하고, 尤使子孫에게 蒙垢이라】

차차(嗟嗟 : 연거푸 탄식함)하도다!

모두 마음이 어두워 기(氣)가 탁(濁)하여 현명한 친첩(親妾 : 가까운 첩)을 멀리하니, 어찌 천리(天理)가 받아들이기 어렵고, 신인(神人)이 진노(震怒)함을 알겠는가?

【嗟乎라! 總以心이 昏하여 氣濁하여, 賢遠佞親하니 豈知天理難容하고 神人이 震忿인가?】

혹 처녀(妻女)를 대가로 보내거나 혹 자손(子孫)이 보(報)를 받으며, 후사(後嗣 : 자손)의 무덤이 끊어지니, 호색(好色)한 광도(狂徒)이거나, 기녀(妓女)의 조(祖)나 끝내 탐화랑자(貪花浪子)일 뿐이다.

【或妻女를 酬償하거나 或子孫이 受報하며, 絶嗣之墳墓이니 無非好色狂徒나 妓女之祖나 竟是貪花浪子라】

부자가 되면, 즉 옥루(玉樓)의 문서에서 이름이 소멸되고, 귀(貴)하게 되면 금방(金榜)에서 제명(除名)이 될 뿐이다.

【當富하면 玉樓削籍하고 應貴하면 則金榜除名이라】

태장도류(笞杖徒流 : 태형, 장형, 도형, 류형의 형벌)의 큰 형벌에 처하거나, 살아서 오등(五等)의 벌을 만나거나, 지옥(地獄), 아귀(餓鬼), 축생(畜生)으로 죽어서 삼도(三途)의 고(苦)를 받으니, 종전(從前)의 은애(恩愛)가 여기에 이르러서는 다 헛될 뿐이니, 옛날의 풍류(風流)가 지금 어디에 있으며 그 후회(後悔)를 더불어 들어줄 이도 없으니 어찌 서둘러 죄를 짓지 않아야 함을 생각하지 않는 것인가?

【笞杖徙流의 大辟이거나 生遭五等之刑이거나 地獄, 餓鬼. 畜生으로 歿受三途之苦이니 從前의 恩愛가 至此成空이니 昔日의 風流가 而今安在이며, 與其後悔도 已無從이니, 何不早思而勿犯인가?】

청년열사(靑年烈士)나 황권(黃券 : 불교나 도교의 경전)의 명류(名流 : 유명한 도사)를 받드는데 힘쓰고, 각오(覺悟)의 마음을 발(發)하여 색마(色魔)의 장애를 깨부수어야 한다.

【奉勸靑年烈士나 黃卷名流하고 發覺悟之心하여 破色魔之障이라】

부용백면(芙蓉白面 : 흰 연꽃 같은 얼굴)이라도 마른 해골에 고기를 두른 것에 불과 할 뿐이요. 미염홍장(美艶紅粧 : 분을 발라 섹시한 얼굴)은 사람을 죽이는 날카로운 칼날이니,

【芙蓉白面이라도 不過帶肉骷髏이오. 芍葯紅妝은 乃是殺人利刃이니】

설령 마주하면 꽃과 같고 얼굴이 옥(玉) 같다 해도 항상 어머니나 누이라는 마음을 지녀야 하며, 죄를 짓지 않는 사람은 마땅히 실족(失足)함을 방비하고, 이미 죄를 진 사람은 서둘러 회두(回頭 : 돌이 킴)하라.

【縱對如玉如花之貌해도 當存若姊이나 若妹之心이며, 未犯者는 宜防失足하고 曾行者는 及早回頭하라】

다시 전전유통(輾轉流通)하며 교대로 서로 화도(化導)하고,

【更祈輾轉流通하며 迭相化導하고】

반드시 각로(覺路 : 깨달음의 길)로 돌아가 가지런함이 있게 하며, 사람마다 함께 미진(迷津 : 잘못된 길)에서 벗어나게 하면,

【必使在齊歸覺路하며 人人이 共出迷津이면】

즉 대악(大惡)을 이미 없앤 것이니 중사(衆邪)는 자연히 소멸하게 된다.

【由是大惡을 旣除이니 衆邪는 自消이라】

영대(靈臺)가 막힘이 없으면 세영(世榮)을 멀리 후세에까지 미치게 될 것이다.

【靈台가 無滯하면 世榮을垂遠矣라】

戒淫寶訓 終

유정식

1953년생으로 호는 法空이며
젊어서부터 유불선의 삼교를 융합하는 것에 관심이 많았으며
강의와 번역을 주로 함.
번역서로는 <금선증론>, <선불가진수어록>,
<참동계>, <성명쌍수로 풀이하는 금강경 진해> 등이 있다.

性命雙修로 밝히는 般若心經 眞解

2007년 2월 10일 초판 인쇄
2007년 2월 15일 초판 발행

지은이 관자재보살
번역자 유정식
펴낸이 최병문

펴낸곳 명지사
전화 02-2271-3117
팩스 02-2264-9029
전자우편 mmzisa@yahoo.co.kr
주소 서울 중구 장충동 2가 190-5 폴리빌딩
등록 1978년 6월 8일 (제5-28호)

ISBN 978-89-7125-177-5 03220

값 12,000원